走進無牆美術館

A Gallery in Formosa

獨一無二的國際導覽故事，
邀請世界到新竹作客

黃莉翔
Li-Hsiang Huang
——著

獻給 母親

黃宋菊英 女士（1948~2020）

這則電視新聞記錄著母親在人間最後曝光受訪的畫面

〈黃莉翔出旅遊書 看見新竹美麗風光〉，客家新聞 20171220

《走進無牆美術館》策展團隊

作者：黃莉翔

協同作者：許佩玟

英文翻譯：曾宏瑜

封面繪圖：徐得貴

攝影團隊： Ace Liu、Bigyo Liu、林清華、詹淑芬、許佩玟、戴璟嵐

攝影作品提供：許釗滂、辜達齊、黃國倉、陳春蘭、林賜霞、林文賢

感謝林舜龍老師授權三件作品原作草圖。

協力：李元嬌、詹前慶、溫筱鴻、吳昆儒、王亞玲、林玉珮、YP、楊佳璋、Lilian、蔡文宜、徐嘉晨、康燕萍、古武南、Mark Chen，以及新竹的親戚們。

◆本書所寫的 1,428 平方公里為新竹縣的面積數字，不包括書中所寫的新竹市城隍廟與新竹市北門面積數字。

推薦文

她不按牌理出牌，但我們都埋單了

鄭林鐘——骨董級編輯人，現任華山1914文創園區顧問

二〇一七年底，《走進無牆美術館》的出版嚇到了不少愛旅行或做行銷的人，忽然之間，大家彷彿被雷打到，赫然驚見新竹竟然如此性感浪漫、竟然可以用這種說法來招商引資、行銷地方。

而且還有機會再版。

發現

在「台灣熱門旅遊點」的排行中，新竹從來都沒名列前茅過，甚至還一度登上「全台最難玩縣市」的第二名。

新竹不是不好玩，只是沒有被發現。

沒發現的原因有二；外地人是「不知道」，本地人是「沒感覺」。

黃莉翔的老家在新竹關西，當局者迷，所以她有很長的一段時間因為沒感覺而沒有發現新竹很好玩。

直到她長期闖蕩外地，又被一個機緣忽然拉扯回鄉，負責「招商引資，行銷新竹」，這時候的她，雖然和之前一樣住在新竹，卻已經不是一個純粹的在地人，而是有著「既在新竹之內，又在新竹之外」的雙重性格，這讓她得以用外地人的眼光看新竹、感受新竹。

而這個「外地」，是台北、高雄，甚至是倫敦、紐約。

所以，當她接下任務，當她想要把新竹的好玩傳遞出去時，她直接把視野放大到國際。

她要「找尋屬於新竹的世界獨家」。

策展

所謂「一法通，萬法通」，學設計的人用「設計思維」（design thinking）做企畫，我這個編輯人用「編輯思維」（editorial thinking）想事情，黃莉翔擅長做策展，自然而然地就將「策展思維」（curatorial thinking）帶進了行銷新竹的工作裡。

她用策展思維翻轉了傳統的招商策略。

一個策展人必須關照的主要元素有六，一是戰略目標，二是目標客群，三是場地，四是觀點，五是內容，六是呈現方式。

在這一場「策展新竹」的大秀中，場地當然是新竹，內容當然是新竹的魅力點，目標呢？觀點呢？用什麼方式呈現呢？

於是就有了這本書的誕生。

翻轉

在這檔大展中，除了場地當然是新竹，其他五個策展要素統統都被黃莉翔翻轉了。

——在戰略目標上，她直接跳級，用「影響國際」來達到「影響台灣、影響新竹」。她要搶占新竹在國際市場的「心占率」：只要來過，心便不曾離開過。

——在目標客群上，她抓住機會，順著 Airbnb 高級主管之所好，悠然呈現新竹的魅力，進而影響全球和台灣喜歡 Airbnb 調調的旅人。

——在主題與觀點上，這場大展的主題不是「新竹好好玩」，而是「新竹好性感，新竹好浪漫」。

——在內容上，她沒有用「和盤托出法」，寫一部《新竹最佳去處大全》，她說：「世界旅人不太需要旅遊教科書，身體裡只要有體驗的細胞存在，在任何一個有層次的體驗世界中，總會怡然自得。」於是她只規畫了三條路線，然後帶著 Airbnb 高級主管自由體驗。非常簡單、純粹、留白，卻足夠製造「單點突破，全面展開」的效果。

——在呈現方式上，她要這本書的讀者「忘掉地圖上平面的新竹縣，將它轉換凝聚為一棟三層樓透天厝的展場」，一層樓就是一個展廳，一個展廳呈現一條路線，讓世界旅人在不同的海拔上體驗不同的節奏與美感。

回頭過來說場地，這本書最大的亮點，無疑是提出了「無牆美術館」的概念，但如果用「策展」的角度看它，這概念的誕生，簡直就是信手捻來而已——想想看，一個策展，當然要找一座美術館來展出啊！這座美術館當然就是新竹，一四二八平方公里的新竹圍不出四面牆壁，那當然就是一座無牆的美術館啊！

簡單嗎？能夠把龐雜的資訊提煉成簡單的說法，其實最不簡單！

連結

在這本書裡，處處可見「連結」的痕跡。

一個縣市可以連結為一座美術館，一套招商行銷可以連結為一檔策展，旅行路線的現場體驗可以連結為實體簡報；以色列集體農場可以連結到司馬庫斯，紐約哈林區可以連結到新竹，紐約州康寧玻璃博物館可以連結到新竹玻工館。

音樂裡的行板、慢板可以連結為美術館的一樓、二樓，藝術可以找到它們在生活瑣事中的解釋，商業行為在藝術領域裡找到落點；人文生活是藝術家，在地產業是產品，投資者是觀眾……

「連結」在本書中無所不在，是因為黃莉翔是個不折不扣的策展人，而連結正是一個策展人不可或缺的本領，甚至變成身體裡面的DNA，不知不覺就在思想當中、在字裡行間連結這個、連結那個。

因為連結，所以就有了跨界、有了轉換、有了「文化翻譯」，讓陌生的新竹變得可以「懂了」；因為懂了，所以對新竹就有感覺了、知道了。

黃莉翔用《走進無牆美術館》，為策展思維的跨界演出做了一場漂亮的示範，第一版出書後也立即受到桃園、金門、高雄、花東、新北等地的邀約，希望能打開公務行政機關的腦洞，書也在六年之後有機會再版；她沒有偷懶，特地加寫了兩篇增補，誠意十足。

想知道新竹究竟是個什麼樣的美術館、想體驗「懂這裡」的感覺嗎？那就請翻過這一頁，進入這場前所未見的心體驗吧。

從新竹到紐約，既在地又國際化的新竹

蔡文宜博士——台灣觀光地方創生協會理事長、前 Airbnb 台灣暨香港公共政策總監

我與莉翔於二〇一六年底結緣，當時她在新竹縣舉辦一場國際創新論壇並邀請 Airbnb 亞太主管擔任主講者。當時，我正在尋找願意與 Airbnb 合作進行觀光國際行銷推廣的縣市政府，希望透過 Airbnb 平台，將台灣優質民宿、壯闊山海、美麗鄉村風景，及熱情好客文化推廣給熱愛自由行的國際遊客，吸引來台灣自由行的國際旅客到台北以外的縣市觀光旅遊。

負責新竹縣招商與行銷的莉翔和我一拍即合。短時間內我們規劃出三條既能欣賞自

然美景，也能體驗在地文化的行程，希望能吸引到新竹科技園區出差洽公的各國人士，除了開會之外，能在新竹住一晚，而不是乘坐高鐵一日往返台北。甚至在洽公結束後，願意撥出幾個小時到新竹科學園區以外的地方體驗在地文化，例如到新埔或竹東品嘗客家美食，到北埔品茶或到峨眉湖摘果泡茶。當年我們一起籌備向國際旅客行銷新竹的專案，以及設計路線讓來台參訪的 Airbnb 總部高階主管能驚豔於新竹之美、享受新竹好客文化。莉翔以妙語如珠的文字記錄了這段經歷，在《走進無牆美術館》一書中詳細描述。每次翻閱此書，當年帶著這些英美人士在新竹鄉間體驗在地文化的美好回憶歷歷在目。

由於我倆曾共同推廣新竹的民宿與文化體驗，當我和一群長期投入地方創生和推廣台灣在地文化的朋友們於二〇一八年籌備「台灣觀光地方創生協會」（以下簡稱「觀創會」）時邀請莉翔擔任發起人之一。很榮幸莉翔願意擔任觀創會第一屆理事長，並與我們這群志工一起出錢出力投入地方創生在地團隊的陪伴和輔導工作。

過去五年觀創會志工們跑遍全台，一邊陪伴在地團隊尋找適合在地永續經營的營運模式，一邊與各地鄉鎮公所或縣市政府談合作，期望能將台灣鄉村與部落之美，轉譯成國際旅客聽得懂的好故事，讓國際旅人看見台灣這個絕佳的旅遊目的地以吸引世界旅人來台。協會草創時期缺人缺錢，在莉翔協助下，有幾位新竹縣民加入志工團隊，讓觀創會得以認識和陪伴新竹縣地方創生團隊。疫情期間，雖然無國際觀光客，因莉翔之故，觀創會仍以新竹作為觀光策展場域，透過辦理公益音樂會、鄉間路跑、文史旅行、食農體驗等活動，讓關西、北埔、橫山、寶山、尖山鄉等山林美術館持續在媒體上曝光，吸引國內遊客前往參觀遊玩。

樂見《走進無牆美術館》增訂本即將付梓，莉翔於增訂篇幅中，從新竹走向紐約，又巧妙地從紐約的視角來述說新竹人文與物產更深層的國際連結面。透過莉翔精彩的文字策展，讀者將充分了解新竹在半導體產業與科技新貴外，充滿山水、田間、老屋、美食、人物、故事的導覽行程。莉翔對新竹的愛透過土地、文化出發，融入在地價值，引領讀者認識充滿鄉土人情、湖光山色、多元族群、文化融合，既在地又國際化的新竹，讓讀者能夠飽覽其美。

藝術無所不在

陸潔民——臺灣首席拍賣官、臺灣畫廊協會資深顧問、新竹IC之音廣播電臺（FM97.5）「藝術ABC」節目主持人

多年前因為藝術的因緣牽引認識莉翔，每次跟朋友與媒體提起她，我總要說起當年她為國際藝術大師村上隆在台北小巨蛋籌辦的那場「藝術開國之旅」，因為，實在讓人印象太深刻了！她大膽地將視覺藝術跨界結合表演藝術於流行舞台上，不安分的藝術靈魂創造了極大的震撼和話題，這場藝術開國之旅影響了藝術圈很多人事物，也開啟了莉翔的跨界之旅，讓她從唱片工作人，跨到藝文策展人。

「藝術開國之旅」的影響在這十年來，從未停歇腳步，我多次親臨她規劃設計的展場或活動，敏感熱情的她總會以不同的視野和思維，去看藝術與人、與空間、與生活的關係，呈現多層次的空間設計感，並以親和的文字論述觀點，希望呈現的一切就是要跟觀者零距離。

現在，藝術開國之旅來到了幅員廣大的天地！來到莉翔的家鄉新竹，過去這些年的累積和能量，又讓她找到了一個主題，不同於過去的呈現方式，這次以紙本導覽吸引大

家親身體驗展覽，讀者需要安排四十八小時欣賞國際大師林舜龍在新竹的三件新作品，作品與作品的距離中，還有真實的生活饗宴在裡面。

從台北小巨蛋到一四二八平方公里的大天地，走進無牆美術館，藝術無所不在。

另一種策展

馬家輝——香港作家

莉翔本身就是個「無牆之人」，善於溝通，懂得理解，敏於對話，讓走近她身邊的人不會感到圍牆隔閡。

這樣的氣質，這樣的女子，寫成這樣的一本書，讓我們看見新竹之美、環境之美、藝術之美，等同另一場精采策展，在紙上再度開展我們的精神眼界。

跟隨莉翔的腳步，我們出發，審美去。

讓科技人也心動重遊新竹

王永壯——科技部新竹科學工業園區管理局局長

《走進無牆美術館》，是一位策展人翻轉招商模式，為了Airbnb，特別以新竹縣為策展主體，邀請世界旅人到新竹縣體驗它的性感與浪漫。黃莉翔小姐以藝術人特有的感性及慢遊的旅遊理念，跟世界溝通與傳達新竹縣的「人、生活與文化」。這是一本充滿人文氣質的旅遊紀錄，雖然是為了吸引國際旅人，可是作者以獨特的文字魅力以及獨到的眼光，讓我也心動重遊新竹。

新版作者序／

一張會飛行偵測的菜單，兩條跨越海洋的線索

二〇二三年十二月，紐約

「走進無牆美術館？這間美術館在哪裡？」

「在新竹——就是新竹縣與新竹市。」

《走進無牆美術館》是我的第一本書，將我的人生帶到了很多、很遠的地方，從新竹飛到紐約，然後又從紐約寫回新竹，進化為六年後的這本增訂新版。

二〇一七年十二月剛出版上市的時候，有人問我這一間美術館在哪裡？過了一些日子，開始有人問我，新竹真的如你所寫的那樣好嗎？再經過一段時間，除了新竹縣，其他縣市公部門找上我，希望我為他們的縣市也來規畫一本「無牆美術館」，以及找我擔任可能相關項目的評審，那段時間我也接到建設公司企劃的來電：「我們在主管會議時討論妳的書，老闆說應該要用這樣的概念來銷售房子……。」他的老闆分析這本書：「我

看得最仔細的是書中那幅三層樓立體圖，她將新竹組裝成一座既存在但又需要想像的三層樓美術館，推銷給美國的 Airbnb，並請 Airbnb 的三位主管來體驗。而我們在蓋房子之前，先組裝一間樣品屋來吸引客戶，但我們並沒有請一組客戶先搬進來居住，體驗住進來的生活和體會整體環境，這一點我們可以在推下一個新建案的時候來試試。」一年後，朋友們促成了一趟神奇之旅，讓我藉由《走進無牆美術館》去紐約宣傳台灣客庄的浪漫台三線……這本《走進無牆美術館》就這樣走了好遠，至今仍沒停下。

我靜下來回想，當初寫這本書的初衷究竟是什麼呢？

說實話，是私心為當時那份「有苦難言、有心無力、有志難伸卻彌足珍貴的工作」留下紀錄，不過，最後卻是因為同行的夥伴們，協力完成了一本無私的國際導覽故事。

我沒有迎合大眾口味提供豐富的吃喝玩樂資訊，也沒有包山包海地討好所有新竹鄉親，每次聽到有人抱怨我有漏寫的部分，或是讀者批評難吃難玩的新竹哪有資格是一座美術館，我心底是高興的，因為真實的東西並非完美，真實的感受並非統一，真實的日常生活是三餐足飽；三層樓內的生活情境展品，是三位國際友人和我個人化的獨家分享，私家、私廚、私房菜，真心分享。

而我的菜單就是阿貴（徐得貴）繪製的那幅三層樓導覽圖，一座美術館的建築剖面圖，一張策展概念圖，一張飄洋過海向美國人介紹新竹、浪漫台三線和台灣的文宣圖，後來在紐約多場交流活動上，我將花蓮放進這張圖的第一層樓裡，新竹峨眉湖邊多了無邊的海洋，第二層樓加了一瓶高粱酒，說說金門這個戰地小島的往事，在紐約市哈林區巧遇百年彩繪玻璃後，將這些新移民的故事擺在第三層樓……。我在這座無牆美術館裡走進走出，沒個盡頭，但是這張菜單的獨特性永遠不變，每層樓獨有的風格不變，最重要的是，請大家都來享用這張菜單。

這張菜單這麼重要，於是，我和主編芳如決定就用它來成為增訂新版的新封面。

這張菜單也像是會飛行偵測一般，引領我在紐約發現了奇妙的「天使玻璃」，這一條跨越海洋的線索，讓我從紐約寫回新竹，也寫了這座美術館展出六年後的兩篇新彩蛋，而在台灣書市慘淡之際，時報出版依然樂觀發行這本增訂新版，讓這座美術館以常態展加上新展，再次新開幕。

還有什麼比這個更鼓舞人心呢？

謝謝每一位走進這座無牆美術館的人。

穿越中央公園前往第五大道的路上
攝影：黃莉翔
Photographed by Li-Hsiang Huang

目次

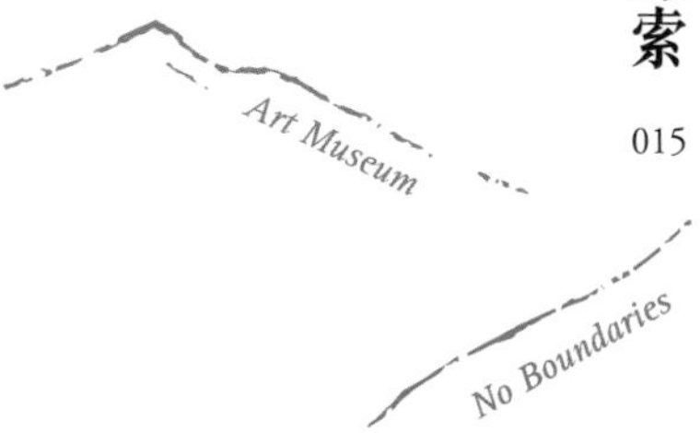

Art Museum
No Boundaries

Part 1

以策展的眼光，重新發現新竹

Part 2

走進新竹無牆美術館

Chapter 2

二樓

少帥，獨一無二的獨家導遊

Chapter 3

三樓

一八〇〇公尺的美麗天空

徐得貴簡介

出生於新竹縣新埔鎮，畢業於台南應用科技大學視覺傳達設計系，熱愛插畫、平面設計與演奏吉他。

關於封面：A Gallery in Formosa

如何用一張圖告訴世界新竹是什麼模樣呢？

幸運的我，六年前遇見新竹青年阿貴（徐得貴），一位優秀的視覺創作者，將我腦海中天馬行空的概念，如此精準地繪製出來，以建築剖面圖的概念詮釋這本書裡 1,428 平方公里的人事物，一座既存在又需要想像的三層樓美術館，邀請大家走進來。

這張圖是本書目錄的動線圖，更是我行走世界江湖介紹新竹、介紹台灣的「菜單」，每一次分享這本書與介紹台灣與新竹的時候，只要亮出這張圖，不管哪一國人都立即了解我在說什麼。這張也是策展概念圖，策展新竹的中心思想圖，現在請讓我以文字來導覽這一座無牆美術館。

最初計劃邀約三位 Airbnb 主管到訪新竹，便以山海湖地形來規劃，簡單來說，從最低的湖邊到最高的神木山區，最後型塑成為三層樓的展覽空間。

峨眉湖是展館入口，請你在湖邊坐坐、喝一杯東方美人茶，這杯東方美人茶是我遞給世界的一張新竹文化名片；喝完茶後，慢慢地散步在北埔、竹北、芎林與新竹市區，品嘗在地美食和古蹟，一樓展區呈現的是鄉間與都會交融的現代生活面貌；然後請你走山路到二樓，前往二樓之前路過竹東，你可以彎腰插秧，踩在泥裡讓土地親吻你的雙腳，接著再去獵人學校體會山林生存之道，這時，你累了，再走到山林深處，靜看少帥張學良幽禁歲月裡的人生風景，想像他的不自由和享受你的自由；走往三樓之前，繞個彎去橫山、內灣逛一逛，之後請你緩慢地爬山到上帝的部落，神木們在等你，那裡最接近天空，也可能最接近神祕的宇宙，新埔義民爺與新竹城隍廟眾神們在遙遠的天空上方，那個看不見但在心中的天空，是美術館的屋頂，既不存在但也存在。

不管你在三樓逗留有多久，終究要下樓，你從三樓走下來的時候，我在一樓出口之前的關西鎮等你，希望從此跟你就是朋友的關係（關西），歡迎你隨時再走進這一座無牆美術館。

旅居紐約期間，經歷過多次國際交流的活動和學習，讓我化繁為簡用三組英文關鍵語：Oriental Beauty Tea（東方美人茶），Do you know who is Young Marshal（你知道誰是少帥嗎？）以及 God's Garden（上帝的花園），來向世界友人介紹無牆美術館共三層樓的展覽主題，希望你也會喜歡。

《走進無牆美術館》台灣第一場分享會
2017 年 12 月 20 日 於 Being Lab （智聯跨界創新平台）
照片提供：吳昆儒

前言／旅程的開始

緣起：一部電影

很愛看電影的我，從沒想到我的返鄉旅程竟然是一部電影牽的線。

電影《KANO》是我策展工作歷程上的「開運恩片」，那年秋天，我任職於華山文創園區，擔任首屆華文朗讀節策展人，而《KANO》監製魏德聖和導演馬志翔兩人排除萬難，力挺出席台北華山壓軸場、高雄駁二首場和記者會，擔任三場重要演出的朗讀嘉賓。

他們兩位於台上朗讀演出尚未曝光的《KANO》劇本，高雄市長陳菊客串朗讀演出女主角阿靜（葉星辰飾演），兩位明星的朗讀，促成了這場文學活動，不僅上了娛樂版面，也獲得文學界的正面支持，我和辛苦的工作夥伴們一直深記在心裡。

這部電影在二〇一四年夏天下檔後的三個月，「果子電影」同仁來電，表示準備籌辦男主角永瀨正敏的攝影展，要讓《KANO》捲土重來，預計十月重新全台上映，希望華

《KANO》華山鍋爐室展覽外牆

山文創園區能合作幫忙。

華山文創園區董事長王榮文先生不僅提供場地，也贊助我協助策展執行，而魏導的電影公司變身策展製作公司，他們豐富的拍片場景製作經驗，巧妙地移植到展覽空間設計上，尤其在經費資源有限的情況下，以創意解決問題的能力和意志力，實在讓我佩服與感動。

身為攝影家也是男主角的永瀨正敏特地來台，與大家一起布展與跑宣傳行程，「他在日本美術館辦過攝影展，很厲害的！」魏導如此介紹他的男主角。有一天，我記得是在華山煙囪旁的大樹下，永瀨正敏拿著平板電腦，給我看他的攝影作品，他竟然在台灣拍片空檔期間，拍了台灣大街小巷上千張照片，當時的我相當驚豔這些黑白照片裡的台灣，散發著獨特的味道，一種有時尚感的庶民風格，讓我印象非常深刻。

《KANO》捲土重來的宣傳攝影展「This Moment」運用兩屆華文朗讀節的雙城平台與人脈，前後在台北華山和高雄舉辦，高雄展覽最特別的是聯盟咖啡館、民宿、藝文空間與主題餐廳，十二個空間同步展出，那時我幾乎天天搭高鐵往返台北高雄兩地。

某次停在新竹站時，「昌益文教基金會」執行長佳瑋剛好來電：「我明天要去華山看展覽，妳會在嗎？」

「會啊！我在高鐵上，正停在新竹站耶！妳就來電了，好巧喔！」
「妳去哪裡？」
「要去高雄布展。」
「妳真是的！辦那麼多活動和展覽都沒想過新竹！妳不是新竹人嗎？」
「喔……」高鐵停站時間很短，列車剛離站，手機訊號就不穩定，我們兩人來不及說聲 Bye 就斷訊了。

被她這麼輕輕一唸，我心想：對喔，我為何從來沒想過自己的家鄉新竹？新竹之於我，只是部分親戚居住的一個城市，偶爾跟著家人返鄉探親，從小就離開這裡，沒在此生活、念書與工作，加上後來父親家族分家後，僅極少數親戚有互動，而且僅限父執輩，對我來說，新竹就更為疏離與遙遠。

我生活中、工作上的所有朋友，都在台北或其他城市如高雄、台南、台中，佳瑋是我在台北結識的新竹朋友，我們會面絕大多數都在台北，很少約在新竹，每年只有她們在舉辦「新竹藝動節」時，我才到新竹。

當我抵達高雄，便打電話給佳瑋：「問妳喔！電影《KANO》可以在新竹做什麼活動？」

「『昌益文教基金會』楊董事長長期支持在地少棒球隊，我們可以想想做點什麼事……」很快的，過沒多久，在楊董事長支持下，魏導到了新竹舉辦推廣特映會以及相關活動。而我只是陪同工作人員，活動結束後隨即離開；對於新竹，沒再往下想，因為那時心中盤旋的是永瀨正敏鏡頭下的台灣味。

以時尚潮風格提味的台灣日常景象，跟我一直想要策畫以台灣為創作主體的當代藝術展搭上了，再加上《KANO》長期傳染給我的熱血魂，於是，三個月後我就開始自資與籌資，製作台灣攝影跨界藝術展《Mind's Mirror 永瀨正敏台灣攝影展》，並敲定了二〇一五年五月到八月，台北、高雄與台中三個城市的巡迴檔期。我又再次忘了新竹。

「是新竹的風將妳吹回來。」

當我正焦頭爛額張羅這個耗力耗資的巡迴展時，佳瑋邀請我到新竹去看她未來想要經營的一個空間，她其實是想問我展覽是否可到該空間巡迴，當時展覽巡迴三個城市已經是我的極限了，因她盛情邀約，我還是特地抽空到新竹一趟。

記得是農曆年假後，空氣冷冽的初春，我到了位於新竹公園對面一棟時髦的灰色三層樓建築，我們上上下下來回看了很久，我望著窗外的公園說：「這裡的 view 太強了。但這棟建物太新，不是我要的空間感，這次巡迴展的三個空間是歷史建物、老房子、工業風的藝廊……」

「明白了，沒關係，那我們出去逛逛，找個地方聊聊！」

佳瑋開著車在新竹市區繞，街道景象與我兒時記憶已經完全不一樣，應該說我的兒時記憶早就模糊，我就像一個外地來的遊客，好奇地不停張望。

突然間，前方一棟兩層樓的紅磚舊建築緊緊抓住了我的目光，我請佳瑋將車停靠路邊，我立刻跳下車，跑到這棟建築物前面，一探究竟後，我興奮地說：「這棟我喜歡！這就是我要的空間！」她幫我找到標示牌上的資訊，我即刻撥電話到新竹市文化局：「請問新竹美術館可以申請作為攝影師永瀨正敏的展覽空間嗎？他是電影《KANO》裡的那位近藤教練……」。

就這樣，《Mind's Mirror 永瀨正敏台灣攝影展》意外的第四站，意外地讓我回到新竹，我跟佳瑋站在新竹中央路路邊微笑互望，此刻，新竹的風在身邊吹著，「是新竹的風將妳吹回來。」後來她都這麼浪漫地說起這個故事。

Part 1

以策展的眼光，重新發現新竹

心理上的好客總是勝過物質上的款待

——作家艾倫．狄波頓（Alan de Botton）

整個新竹，都是我的策展場域。

顛覆過往所有人對新竹的印象，齊聚最真心的好客、最誠心的款待，以及親身體驗，跟世界提案新竹這座無牆美術館，邀請世界旅人到此體驗。

從「永瀨正敏攝影展」開始：策展這件事

隨時把握在台灣拍片的空檔時間，影帝攝影家永瀨正敏拿著心愛的相機，內心抱著台灣是他的福地的情懷，行走在庶民生活場域中拍攝創作，這位來台工作的外國演員、來台短暫居留的外國旅人、隨機創作的外國藝術家，鏡頭下的台灣，在黑白濃淡中蘊藏著簡單既頹廢又內斂的溫暖，大膽地以自己的黑白風格詮釋出不一樣的台灣。

溫暖與大膽，是現代台灣創作靈魂中很需要的元素，也是當代青年面對自己和未來很需要的態度，再加上攝影者獨特的身分，因此我需要在獨特的空間裡呈現展覽，並且為每個展場量身打造獨特、專屬性格的空間設計，整合與強化藝術作品和展場的獨特性，以張力和觀者溝通，才能在台灣各地大大小小數不清的展覽世界中，吸引大眾的關注。

我在他眾多作品中梳理出影像與台北、高雄和台中的關係後，和策展團隊製作了這三城的巡迴展，而第四個意外新增的展場，就是風將我帶到的新竹市立美術館，永瀨正敏並沒有來過新竹，但新竹展場不能沒有新竹影像，否則與觀眾之間的共鳴會有個大缺口，所以，當新竹檔期一確定，我們就即刻與他和經紀人溝通，盡快安排他來新竹拍攝的行程。

溝通：策展人的必備能力

「要拍新竹哪裡？」

「就拍美術館與美術館四周吧！」

「？」

「我因為這個美術館而回到家鄉新竹工作，因為新竹的風，把我吹到美術館之前，因為新竹朋友不放棄叮嚀我別忘了新竹……所以，這間美術館是新竹場的關鍵因素！麻煩你拍攝它，還有圍繞它的鄰居街巷……」

擔任日文翻譯的Jessica用盡心力介紹新竹這個城市，幸運地碰上美術館九十歲生日，我們告訴永瀨正敏，他的攝影展是這間美術館有史以來最美好的生日禮物，因為美術館成了他鏡頭下的主角！對於感性的他，這招奏效了！經紀人很快地在他趕拍新戲沒日沒夜的恐怖行程裡，排除萬難跟他來到了新竹。

永瀨正敏攝影展，新竹市美術館

「溝通」是策展人很重要的工作和必備能力，首要的溝通對象當然就是藝術家和團隊夥伴，以藝術家最有自信、最有感覺的作品，和藝術家溝通主題的概念和呈現的架構，溝通要能順利進行，前提是要從他的作品中看出他從未想到的觀點。所以，這就是為什麼策展人需要不斷看展、看演出、看戲、看電影和閱讀，「製作展覽」與「製作電影」兩者，在創造創意內容時的主架構很像，策展人的工作性質接近導演和製片人，藝術家和作品則是劇本和謬思演員，而在各個層面、所有溝通最關鍵的就是「熱情」，沒有熱情，你便很難成為創意產業裡「真正」的一份子。

作為策展人，在與藝術家對主題有了共識之後，就不干涉他的拍攝路線與取景素材，尊重藝術家的創作方式和理念，讓創作者自由地從心中、眼中捕捉不一樣的新竹風貌，看見我們可能最為疏忽但又珍貴的日常瞬間，而我們從外國藝術家的詮釋角度中，其實可以讓我們的視野吸收、學習到如何更具國際觀點。

場勘與觀點：觀點是人走出來、想出來的

在我們陪同拍攝之前，我其實已經在這一區縝密地場勘多次，白天觀看人們在這一

區的生活動線，晚上觀察人們在這一區用餐或散步的狀態，在場勘中尋找出與藝術家性格接近或衝突的可能創作拍攝線索，甚至可以搜尋到我對展場空間設計的靈感。

藝術家喜歡在行走中拍攝創作，我又在來來回回的行走中理解這一區，這個「行走於生活空間中」的場勘狀態，轉換成我跟展場設計師辜達齊溝通空間呈現的主設計概念，辜達齊甫獲「ADA 新銳建築」首獎，也是我策展第二屆華文朗讀節高雄場的設計師，他比我與藝術家更愛走路，所以他能將行走概念變成設計特色。

後來我們將步行抬頭看見的城市天際線，變身為支撐攝影作品的移動座架，讓作品行走在展場裡，打破以往平面作品依序懸掛於牆面的傳統做法，讓逛街的立體感元素滿溢展場，這不就是藝術來自生活，生活走進藝術嗎？

我在策展工作中非常堅持場勘的關鍵性，這也延續了後來我要求自己一定要走遍新竹縣十三個鄉鎮，才開始規劃招商行銷的架構，而非坐在辦公室喝茶吹冷氣，拿著一張張地圖和人聊天。路是人走出來的，觀點也是人走出來、想出來的。

觀點與價值：以跨界、跨國的觀點來推銷

對新竹市來說，永瀨正敏是一個外國旅人與創作者，但他以新竹為創作主角，「街拍新竹」成了巡迴展最新、最獨家的影像，他的黑白簡約風格既出世又入世，放眼華人世界，能夠提味這些影像意境，轉化於人情世故生活感的，只有亞洲詞神林夕的文字了！

誰心中沒有一首林夕作詞的歌呢？所以我們再次將林夕的文字變身裝置藝術穿梭於行走中的攝影作品裡，二〇一五年夏天的《Mind's Mirror 永瀨正敏台灣攝影展》，在地跨界又跨國，結合林夕在新竹影像博物館《風城說夢》詞文賞析座談會，以及地方父母官新竹市長林智堅三次蒞臨推廣宣傳，文化局長廖志堅以及同仁徐瑞蘭和陳淑惠，在我們辛苦布展、撤展的過程中全力支持協助，大家一起共同完成了可能是新竹市最跨界的一場藝文盛會。

而最大的迴響，就是林夕首度公開現身新竹，相當多外縣市的年輕人遠道而來，有些人帶著自己創作的歌詞，活動結束後拿給我們轉交給林夕，當時很多人問我：「夕爺怎麼會願意抽空到新竹來呢？」

我說服林夕的說帖是：「新竹是風城，有風就有故事，夕爺喜歡探知人間故事，來

風城就對了；新竹市中心有一條美麗的護城河，而有水的城市就會有浪漫的故事，位於水岸邊的美術館，就是我們計畫展出夕爺文字的地方，從美術館散步即可到達信仰朝聖之地城隍廟，廟裡的對聯文字一定會吸引夕爺的注目……」而我故意沒提到圍繞著廟的小吃世界，後來，廟內宇宙與廟外美食讓林夕流連忘返，不忍離去。

當我返回故鄉新竹縣工作後，之前這些跟藝術家、林夕、許多邀約贊助企業溝通的所有說帖，竟成了我日後行銷新竹的「新價值」，以跨界跨國的觀點來介紹和推銷。在美術館策展，是當時身為藝文工作者藉由展覽形式，提出「在地故事 × 時尚影像 × 國際美學」觀點，希望傳達藝術之於當代生活與社會的對話或啟發。沒想到，過沒多久我就要走出美術館，在策展中，一步步更走回新竹縣了。

遇見美術館裡的縣長

《Mind's Mirror 永瀨正敏台灣攝影展》全省四城巡迴展結束後，一群年輕的新竹策展夥伴一直與我保持聯絡，他們是中華大學在校生，也是與我們一起工作的策展實習生，從學習布展、顧展、推廣導覽到復原現場，一路以「師徒制」方式進行合作。

我們當時設了一個群組叫做「新竹繁花盛開」，因為展場入口有個以鮮花為主軸的意象裝置，在展期非常受歡迎而成了拍照打卡點，這幾位全程參與實習的年輕朋友們，每天都會照顧這些鮮花，所以我暱稱他們是讓新竹藝文繁花盛開的小園丁。而且，他們成了我返鄉旅程上第一群新竹青年人脈，這些年輕朋友的年輕想法，在保守傳統的客家庄尤其珍貴，所以，繼《Mind's Mirror 永瀨正敏台灣攝影展》之後，我在新竹市美術館所策的第二個展《以愛凝視風城》，就是特別以年輕世代為溝通目標的規劃和設計。

新竹市議員吳國寶先生想為已逝母親的創作舉辦一場回顧展，場地剛好也訂在美術館，檔期就在《Mind's Mirror 永瀨正敏台灣攝影展》之後的半年，我們聊到這件事，「原本我們只想將畫作整齊地掛在牆上，隆重舉辦開幕儀式，邀請所有親友們來紀念母親和讓大家欣賞她生前的創作，我沒有很懂策展，但感覺是很不一樣的東西，那就請妳來為新竹母親做點不一樣的事！」

吳先生和家族成員雖然是第一次聽到「策展」兩個字，但他們非常授權也全力配合策展團隊所需要的協助，「我的母親只是平凡人、素人，她不是藝術家、不是大師，辦回顧展只是因為很想念她，答應要完成她生前最後的願望。」吳先生不斷提醒我，她母親只是個素人絕非藝術家，只是很愛畫達摩和寫書法。

而我回應他及策展團隊，他的母親林愛玉女士在新竹出生、成長、生活，她的生命詩篇就是風城的精神資產，而非科班出身的她，卻以素人藝術家之姿勇於創作與學習，留下數百件作品，在因新社會安穩後才有的美術館裡呈現，讓人人都能就近欣賞、體會，甚至鼓舞著觀者與創作者！這就是新竹珍貴的文化資產，也是新竹人最深情永恆的文化財富。

我極想要傳達、分享這份文化財富給此地的年輕世代，因為所有新竹年輕人就是這項財富的繼承人。所以，我大膽顛覆傳統處理水墨畫作和書法的展覽呈現方式，以「時尚明亮」的設計策略進行規劃和視覺溝通，其實這個設計策略是來自林愛玉女士生前的

《以愛凝視風城》新竹市美術館

風格——她是個熱情溫暖又時髦的女性，生前喜愛桃紅色，因此我選用跟法國時尚品牌「Lanvin」接近的桃紅色作為展覽的主色，「Lanvin」的 DNA 也蘊藏深厚的親情，創辦人 Jeannet 為愛女製作衣裳，因而開始了這個百年品牌，「親情」呼應著吳先生與其母親的母子情感，桃紅傳達熱情和時尚，然後用當代藝術表現手法來設計展場，定名《以愛凝視風城》，讓傳統達摩畫像與書法時髦轉身，在明亮中思念新竹母親而不傷悲，因為愛在藝術裡永恆存在，在視覺創新中，讓新竹青年接近並珍惜自己的文化財富。

而我當下也在這轉身中遇見未來的老闆邱鏡淳縣長。

邱縣長受吳先生邀約為開幕嘉賓，不像刻板印象中的政治人物，當天他在開幕前就到現場，除了跟主人吳先生互動，也跟吳先生家人寒暄許久，他在展場停留一個多小時，仔細觀看完每件作品，這對政治人物來說並非尋常，使我印象深刻。雖然後來我知道他很喜歡達摩畫像，但對他來說，能在展場停留如此之久很不容易。

「我要送一件達摩畫像給邱縣長，母親在世時我就跟他說了，當時母親也同意了。」吳先生低聲跟我說。現場很多件達摩畫像，我心想邱縣長應該不會、也最好不要選到那幅我故意低調放在邊柱旁，風格最為簡樸的小型達摩畫像，這個達摩的眼神最為溫暖，讓我很想將這件作品帶回家收藏。但是，真是心亂想事就成，邱縣長果然就選了那件作品，吳先生開玩笑說：「妳如果也這麼喜歡這件作品，那妳就去他辦公室欣賞啊！」

我的返鄉旅程牽線於一部電影，我的返鄉旅程結緣於美術館的展覽，後來與邱縣長的幾次交談中，他希望我以文創資源和國際經驗，回到新竹縣做不一樣的事，我進入一個簡稱「工策會」的單位，在此之前，我從來不知道這個單位，剛開始很難跟所有親朋好友說明清楚我的工作內容，大家都笑說，從「策展人」到「工策會」，至少起碼還有個「策」字是一樣的。是啊！至少還有「策」字，這個字可以涵蓋策展、策畫、策略、策進、鞭策、政策、決策……，感覺正面向上的能量居多，因此，我在美術館遇見邱縣長後，返鄉新竹縣工作了。

轉折遇見轉折

從策展人到工策會，表面上反差很大，像是宇宙中從不相往來的兩顆星球，但生命的軌跡突然出現戲劇性的大彎道，僅僅一步之遙，就讓我跨跳到另一端，此刻的我必須坦白，當時的我沒想太多就跳過去了，憑的只是關於「返鄉」的一絲浪漫與自以為是的勇氣。

但其實這世界上最遙遠的距離，不是這兩顆星球，而是看待自己和一間辦公室的態度與價值觀。林夕曾寫過一句話：「放下自己，再忠於自己」，這句話對我有極大的啟發，經歷了一些事情，我不再是「從策展人到工策會」，而是「在工策會裡的策展人」，實踐策展人的工作態度與方式。因為，即使是不同星球，所有的一切，都需要商業與藝術的整合鏈結，所有的目的，最終也都是為了追求與可以擁有美好的生活。

策展人是連結藝術內容和觀眾的詮釋規劃者，並提出新觀點和大眾溝通，統籌整體的製作行銷廣宣，需要商業營運的架構和執行，才能完整將藝術內容呈現分享給大眾，讓觀者在展演中得到共鳴或啟發，進而獲得生活中美好的精神價值；而工策會招引企業投資促進商業發展，需要策略觀點與溝通的藝術，而所運用的招商資源除了傳統的土地、廠房、教育品質、生活醫療……等，也需要提出此地人文藝術的滋養環境，吸引投資企業公司員工在此買房、生活，享受美好人生。

在藝文業界，策展與策展人是完整的職銜，但工策會呢？

「工商發展投資策進會？兼任中小企業服務中心？單位名稱這麼長，簡稱工策會三個字！誰可以馬上懂啊？」認真看名片的朋友們多半是這樣的反應，第一時間知道「工策會」的，僅限各縣市政府機關，而我對外說明這個單位的工作與任務也是簡約八個字：「招商引資，行銷新竹」。

邱縣長希望我以文創資源和國際經驗，返鄉做不一樣的事。第一步的不一樣，就是將我放在跟過去截然不同的平台上，工策會之於我是個全新的挑戰，而像我這樣的人之於工策會，則是新鮮的衝擊，因為這個單位在過去始終帶著傳統又神祕的色彩，成員多為資深的地方人士或民意代表，我應該是這個單位史上第一個對新竹縣相當陌生的新竹人，而且還是個局外人，對這個傳統保守的世界來說，實在是太不一樣了。

各種面向的不一樣，加上挑戰和衝擊，讓我在工策會的每一天充滿新的發現、新的詫異、新的熱情、新的憤怒、新的僵化、新的希望……超級多「新的〇〇」——我滿滿的新感受，不就是策展的好主題嗎？就在我正醞釀這個想法的時候，《科技生活》雜誌主編佩玟表示要採訪我們關於招商 Airbnb 以及與 Airbnb 未來的合作，文藝氣息濃厚的她卻擔任科技財經領域的主筆，和我返鄉後所處、所在、所做的「不一樣」極為相近。

第一次見面時，外表與個性溫婉的她卻劈頭就問我：「妳在這個類招商局的單位工作，過去藝文業界的經驗會不會消失？會不會可惜了？妳回來新竹縣想做什麼？」問得好直白，而且她已經在錄音，「為什麼要問我這些？」我反問。

「我很好奇！因為很難將妳跟這個單位連結在一起……」她說。

「可是我已經在這裡了！在我還沒遇見縣長之前，我原本希望能在新竹縣市的美術館和創意空間策劃當代藝術的展演。」

「但工策會主要是跟企業界往來。」

「我過去擔任策展人也需要跟企業界往來，洽談贊助和置入性行銷合作，不過，那只是部分工作。」

「那現在……主要和部分工作顛倒了，妳？」

「是顛倒了！但可以讓我有機會檢視自己過去對企業界的誤認、誤判、誤信與誤會，顛倒了何嘗不是件好事？」

「可是妳的策展工作就停擺了？」

「並沒有停止喔！從美術館到新竹縣，從一二〇坪空間到一四二八平方公里，場域變得超級大，難度變得超級高，人文生活是藝術家，在地產業是展品，投資者是觀眾……」我好像在說夢話一樣，不過，她眼裡出現一種「我相信妳會這麼做」的眼神，我知道那是真實的相信，不同於我每天都會看到的虛假且閃爍的眼神。佩玟的真實，反倒鼓舞了我願意將心裡正在張羅的想法跟她分享，「請問這個奇怪的展要怎麼呈現？」她問，我拿了一張白紙，先畫了一個地理上的新竹縣，再畫上我的概念：「……先完成策展腳本……」，我們就這樣聊上話，之後的會面，彼此有犀利的激辯，也有開心的理解，不久之後，她成了我此行策展團隊的夥伴，也是這本書的共同作者。

一四二八平方公里的家

右耳左耳，認識新竹縣

若不是因為這份工作，我從來不知道、也沒關心過新竹縣有十三個鄉鎮。全台灣有多少在外地的新竹子女像我一樣對家鄉陌生？提到新竹，不是「風大」、「科技」、「客家」，就是城隍廟，都是傳統又刻板的印象。而新竹縣與新竹市的區別也並非人人皆知。

上班的第一天，像個外地來的遊客，拿了一張新竹縣地圖研究。

看了一星期，仍沒辦法背下十三鄉鎮的名字和地理位置，這張地圖之於我仍是一張紙而已。這時候剛好接獲通知，國際智慧城市論壇 ICF 主席 John Jung 下周即將到訪新竹縣視察四天，我需要協助翻譯接待，但新竹縣的東南西北我都還搞不清楚，要如何擔任接待？「沒關係啦！妳就當作自己是 John 的同行朋友，我們先用中文介紹，妳再翻譯讓他了解……」一位好心的同事給了我整份行程資料，安慰我。

這還真是絕招，我的右耳是外來訪客，左耳是在地導遊，感謝 John Jung 這位貴人的到訪，讓我在極短的四天內，密集理解了新竹縣全貌，新竹縣地圖之於我，終於不再是一張紙了。而且，John Jung 所有的提問，讓我如獲至寶，因為我不需要去一趟聯合國，就可以知道外國人怎麼看新竹縣，對新竹縣的觀感是什麼，運用他們的理解邏輯和語言，這是我們向世界介紹新竹縣的溝通關鍵。

「妳的好朋友來新竹，妳會帶他們去哪裡？」John Jung 在坐內灣火車時問我。

「我還沒想到耶！我才剛來就先接待您了！」

「哈！妳應該不會用我的公務行程來招待妳的好朋友吧！」

「哈！那當然！」我低聲笑著回應他。這時，他拿出一張名片說：「這是我兒子，他是年輕人，如果他有機會到新竹，絕不會參考我的行程。如果妳想到最有意思的路線，麻煩妳 Email 給他……」，John 真不愧是行走世界的人，我心想。

結果，他兒子還沒到新竹縣，比他兒子更年輕的 Airbnb 就先到了。

新竹的文藝復興：向世界提案，一場「新竹體驗」展演

二〇一六年底我們籌辦了一場國際論壇《創新經濟新想像》，我偷用了ICF遴選全球智慧城市的主題「從革命到文藝復興（From Revolution to Renaissance）」為該論壇的英文副標「From Revolution to Renaissance in Hsinchu County」。

我實在太喜歡「文藝復興」四個字！因為新竹縣比任何縣市更需要文藝復興，科技產業帶動產業繁榮，產業繁榮啟動藝術發展，有富裕物質生活，也有豐富質感生活，這才是貨真價實的有錢貴族，我想，這也是全台灣人都想要追求的未來吧！

但哪一個企業能完美詮釋當今的From Revolution to Renaissance呢？「妳可以考慮此刻全球浪頭上的衝浪手Airbnb。」負責執行論壇規劃的「圓方創意」執行長吳昆儒建議，財經媒體專業人出身的他，對新經濟脈動特別敏感，「新竹縣的民宿不到一百家，整體經濟規模太小了」，「但這不影響你們先引領趨勢擁抱新經濟啊」，「我是希望透過論壇交流招商引資，但他們既不需要土地，也不需要廠房」，「那不是更好嗎？他們是那種只要有一支手機，就可以有一個辦事處的新經濟。」我不禁抬頭望向窗外的藍天，

嗯……從土地到雲端，翻轉招商策略，有什麼不可以？

從論壇邀約到洽談招商合作，意外發現 Airbnb 剛好結合了招商引資與行銷新竹兩個面向，而更具挑戰的是，到新竹縣民宿住一晚，根本就是接軌國際的最前線：從民宿主人接到外國旅人的訂單開始，民宿所在的文化體驗、從地球任一地點到新竹縣民宿的交通與接駁……，這是比在新竹縣開一家六星級飯店還要更直接的接軌國際，但是，我們的鄉親準備好了嗎？

其實，我們根本沒時間多想，因為改變世界的浪頭早已經衝向我們了，而且，其他縣市早已動手爭取新經濟的資源，新竹縣能出招的就是行動、行動、再行動，用濃厚的人情與熱情爭取。

與新經濟同行，能夠深入理解他們如何改變思考與模式，能夠刺激成長的並非只有民宿產業，可以影響在地微型產業和文化觀光服務業的質變，吸納更多新竹青年就業，為新竹縣增添活力。因為，年輕的 Airbnb 不只要「有意思的路線」，更要有在地體驗；不只旅遊，更要生活，這是千禧世代的新世界。

面對這個新世界，我不能用舊世界的招商手冊。從土地到雲端，用策展觀點翻轉招商策略吧！

在山海湖的一四二八平方公里上，以身作則，親身體驗新竹，再一次啟動左耳、右耳雙向探索，放下自己的公務身分，接近基層鄉親的生活與所想，誠如英倫才子作家艾倫・狄波頓（Alan de Botton）所說的：「心理上的好客總是勝過物質上的款待」，於是，我和這一路上所有幫忙的鄉親朋友們，我稱為策展團隊的夥伴，一起齊聚最真心的好客、最誠心的款待，以及最無敵的親身體驗，跟世界提案一場「新竹體驗」展演。

我希望顛覆過往世界上所有人對新竹的印象，規劃的策展主題是「性感與浪漫」，將新竹縣策展為一棟「無牆美術館」，跟世界溝通與傳達，熱情邀請世界旅人到此體驗，並喜歡上這座美術館。

我很幸運有個很棒的策展團隊，家住竹東、工作在新竹市的偕同作者佩玟，負責在地深度導遊。特別的是，還有一個前所未有的視覺團隊，也就是強大的攝影組，以當代感為這座美術館呈現新的美學饗宴，因為，我們非常想邀請親愛的讀者，來我們家作客。

這座美術館很大，一四二八平方公里，最高你可以爬到一八〇〇公尺那座上帝的植物園，盡享神祕綠光，於湖邊飲上一杯最香醇的茶，坐看客庄山水，而最獨特的綠林在海邊，山海湖都圍繞著你！

新竹無牆美術館

古代藝術家創作山水畫，是七分經歷、三分想像，現代策展人創作新竹縣，則需要十分經歷，再十分想像。我們上山下海，來來回回無數場勘，滿滿十分經歷，然後，再十分想像，就是忘掉地圖上的平面新竹縣，也故意刪除刻板印象中的新竹縣，重新解構這片大地，將新竹縣轉換凝聚為一棟三層樓透天厝的展場，新竹縣變成一間無牆美術館。

幅員廣大、包羅萬象的一千多平方公里，藉由跟國際提案對象Airbnb的三條觀點與體驗路線，延伸、整合並匯聚成三層樓展場，這不是過往傳統的旅遊路線，而是希望像觀賞展覽一樣，看見的風景、享用的美食和相遇的主人，都會是值得記在心中的藝術展演，並且是獨一無二的。

新竹也是每一位旅人的家，主人就是客人的家人，家人不會像傳統的導遊，塞很多景點、吃很多觀光食物、買一堆觀光伴手禮；家人會以自己過日子的方式和節奏款待客人，會將自己擁有的日常美好分享給客人，讓客人真的感覺就像住在這個家一樣，這是千禧世代最在乎的體驗，我相信也是嬰兒潮世代最在乎的感受。

性感與浪漫

跟世界提案不能沒有主題，沒有風格。而且，我一點都不希望所有人一提到新竹就只想到竹科，那是個工業園區，不是世界旅人體驗的地方。所以翻轉一切舊印象，現在，這間美術館的風格和主題是「性感與浪漫」，性感的新竹縣，浪漫的新竹人，更需要無限大的想像。因為，新竹縣過去始終是個路過、工作的地方，沒有讓多數人熱衷來此旅遊並嚮往在此住一夜，但一個要經營「體驗經濟」的城市，真的必須要有能耐讓世界旅人「想住下來」。

我渴望新竹縣是個性感的城市，整體具有迷人的氣質，我期待新竹人要浪漫，因為浪漫是追求美學的動力，沒有浪漫哪能成就浪漫台三線？性感和浪漫在這裡，或許還沒存在，但我相信存在於肉眼看不到的層次裡，在高樓大廈、高架橋、鄉鎮山水、人情與文化中，一定有吸引人停留下來、住下來的魅力，一定有那浪漫情懷的家人值得相遇與相識。

坐下來喝杯茶！

「坐下來喝杯茶啦！」這是我返鄉後每天都會聽到的一句話。為什麼要坐下來？因為時間會慢下來，有機會彼此認識和聊天，然後，在任何地方一旦坐下來，都會有一杯茶，端到你面前。

喝杯茶實在是新竹縣生活最大的特色！而哪杯茶最獨特？——東方美人！最獨特的一杯茶，才能讓客人一進家門就願意坐下來。於是，這座無牆美術館的一樓展場主題就叫「東方美人」。

沿梯而上到了二樓，我請出與歷史名人張學良相處十三年歲月的山水，開場與串場，以無法重來、無法取代、無法複製的名人情懷，讓客人置身其中，久久無法忘懷。

三樓是我心目中新竹縣最美之處，客人需要爬到一八〇〇公尺，才能盡覽最高的迷人美景，所以，凝望美麗的天空，是體驗三樓展場的最好姿態。

三層樓的獨特，加上夜宿於此，才是性感的新竹縣，才會遇見浪漫的新竹人。

無牆美術館的展覽，即將在下一頁展開……

Part 2

走進新竹無牆美術館

這座「無牆美術館」與大家分享國際級的新體驗，以「人物」為脈絡，共享家人和客人間最珍貴的人情溫度，以及新竹人在這片大地上種植的生活的美好和價值。

人、生活與文化分享：深入新竹

從外太空看地球，無法一眼就找到台灣，或許這是大家在各種場合都要大聲呼喊：「要讓世界看見台灣」的原因之一吧！要找到台灣都不容易了，更何況看見新竹。但是，這一千多平方公里的土地，能在這個地球表面上存在著，絕對有其獨特的價值。

要讓世界看見台灣，要讓世界看見新竹，就要想出辦法和策略。新竹真的不大，所以，策略很重要。我們的團隊將以策展開門、敲門的策略，讓你放下過往刻板印象，重新觀看這裡；主動吸引世界旅人的心，把新竹這座獨一無二的「無牆美術館」放在心上。

世界舞台眾聲喧嘩。好客的新竹人不求多，這座「無牆美術館」以精簡的三層展覽款待門外的世界旅人。我邀請了三組 Airbnb 朋友先行探索，與讀者分享國際級的新體驗，以「人物」為脈絡，共享家人和客人間最珍貴的人情溫度，以及新竹人在這片大地上所種植的美好生活和價值。

為人所熟知的 Airbnb，是當今世界最大的分享平台之一，主張像個在地人體驗在地生活，不只是旅行，並且堅信和實踐「人、生活與文化分享」的意義。因此，我想與Airbnb合作的不僅僅是更多合法民宿和休閒農莊上架Airbnb，而是希望以「新竹體驗」為行銷元素，傳達新竹體驗的價值和世界交流。

Airbnb是我工作旅程中所遇見最奇妙的招商對象，其企業文化中的DNA：「設計思考」，深深打動我的心，所以，我想要吸引他的心。

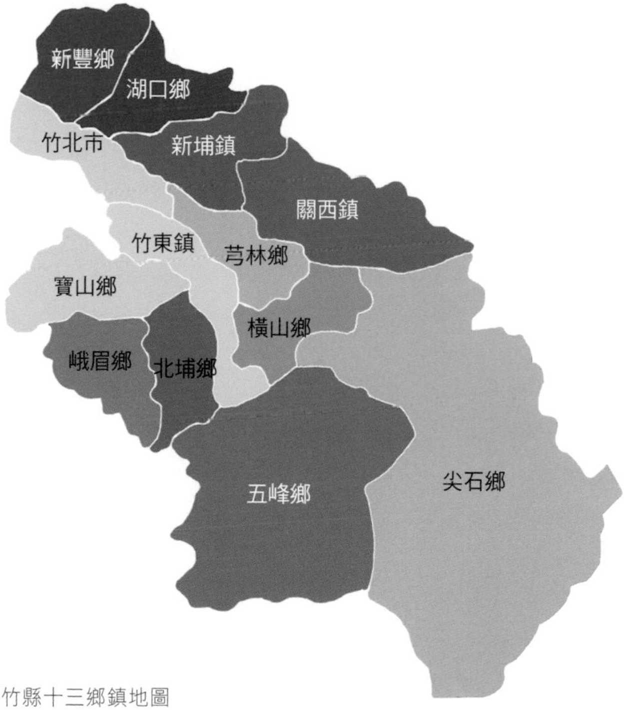

新竹縣十三鄉鎮地圖

在這個全視覺時代，以設計全面驅動企業文化發展，對照尚未真正啟動設計思考的新竹縣來說，實在充滿極端的挑戰！而它大多數使用者是世界旅人，並非過去傳統的遊客，Airbnb 的旅人對體驗極具冒險精神，這是我想要的觀者，因為他們可以跳出新竹只是科技城的刻板印象框架，願意跟我一起用新的想像力走進這棟新竹無牆美術館。

Chapter 1　一樓

東方美人

1,428 平方公里、13 鄉鎮骨子裡的性感是什麼？
不是建築、不是風景，而是生活，
喝著一杯東方美人茶的生活。

帶著 Airbnb 進入展覽

第一次來台灣的 Airbnb 全球副總裁 Chris Lehane，畢業於哈佛大學法律博士的政治悍將，被喻為美國民主黨策略師與危機處理專家。Chris 曾任美國副總統高爾競選總部核心幕僚，更是美國前總統柯林頓身陷陸文斯基醜聞風暴時的最佳救援操盤手，美國《新聞周刊》讚譽他為災難處理專家（Master of Disaster），Chris 將自身參與選戰經歷拍成一部獨立電影《選戰風暴》，二〇一五年加入 Airbnb 成為全球公共政策掌舵人。

整個新竹，都是我的策展場域

從政治圈到新經濟，Chris Lehane 是一位菁英中的菁英，面對在國際舞台早已身經百戰的他，如何在他抵達台灣桃園機場後，不到二十四小時的有限時間內，讓他進場後慢慢感動、緩緩體驗，離場後卻深深記得這裡，讓「Hsinchu County」這組英文字可以從此

Chris 在台北分享新竹體驗

印記在他心中？要創造什麼樣的「新竹體驗」才能讓他無法忘記新竹？

如果以規劃旅遊路線的傳統方式來思考，那太無聊也太無趣！絕對沒辦法讓他對新竹有獨特的印象，因此我以策展人身分和角度來全新思考和設計，將新竹縣當成我的策展場域，這裡是由山海湖構成的十三鄉鎮，面積占全台十分之一，客家人占多數，但有原住民、新移民、外地人的多元居民面貌，面對這樣一個巨大的展覽場域，可以提出什麼樣的新觀點？

「性感城市」跟性感女人、性感男人一樣，感性值大於理性值。

感性價值之於生活就是悠閒和溫度，對世界旅人來說，悠閒和溫度才是一種體驗享受，人在陽光、空氣、花和水之間的悠閒，人與人一起聊天說話、一起逛街吃飯、一起烹調食物……甚至一起發呆望著天空、看著農田，這些正在一四二八平方公里內的感性，讓新竹有一天可以成為一個真正性感城市的關鍵之所在。

而一四二八平方公里、十三鄉鎮骨子裡的性感是什麼？不是建築、不是風景，而是生活，喝著一杯東方美人茶的生活。

體驗的第一秒，從「貼心為對方著想」開始

對每個旅人來說，長途旅行到台灣，又是深夜抵達，應該都是疲累的，加上又是第一次到台灣，陌生感通常在心裡呈現低溫狀態。推著行李走出來之前，Chris 會遇見什麼狀況？我們無法得知與掌握，但我知道在他走出來看見我們的第一秒，就是「新竹體驗」的開始！

再普通平凡不過的接機，我們不是只拿著一張 A4 紙寫著名字，而是特別製作一個屬於他的、也屬於 Airbnb 的接機牌，看見自己的名字寫在 Airbnb 的 logo 上，讓陌生的

一切在一瞬間都變得不陌生，「新竹體驗」的第一秒充滿笑容，讓一聲「Hello」有了溫度，當然也讓緊繃的團隊夥伴開心起來。「好客」兩字不僅僅是請客人吃好、住好而已，心理面的感受更要好，所以需要貼著心去想對方的狀態和細節，人與人之間的感受看不到，但影響卻最大。雖然 Chris 並非來台辦影迷會的歐巴，我們仍運用娛樂精神和氛圍，請夥伴設計了一個很窩心的接機牌，現在這個心型的珍珠板仍放在辦公室的窗邊，而且經常在行銷新竹的活動裡一起亮相。

以峨眉鄉的湖光山色揭幕

這個世界充滿著各式各樣的五感體驗，對已見多世界奇景的資深旅人來說，新竹縣只能出奇招讓人印象深刻，而反差效果可以讓心理和視覺產生一種衝擊力。

夜宿峨眉湖——在湖光山色中醒來

深夜抵達桃園機場後的第一站便是住宿地點，而且必須在一小時內從容可到，一小時車程對歐美旅人來說是剛剛好的短程，而大約八小時後迎接黎明。我思考良久，決定讓 Chris 在新竹看見的第一個白天日常景象是「湖光山色」。

很多人問我：為什麼「新竹體驗」的第一站選在峨眉湖邊？而且在深夜時刻？山、海、湖加上科技工業園區是新竹縣地理環境獨特之所在，在經過八小時多的黑夜，新竹的第一個早晨就是在湖光山色包圍中醒來，是何等的浪漫與動人。新竹縣民宿

Hi！我們在峨眉湖

不多，座落在峨眉鄉、剛好在湖邊的沒幾家，場勘多次，也親自入住民宿，從建築體、湖的方位、房間設計、餐飲、民宿四周環境、民宿主人……等整體考量，再加上最後的關鍵點：民宿四周是否方便晨跑？因為Chris有每天晨跑的習慣。就這樣，「新竹體驗」的第一站呼之欲出，確定住宿「二泉湖湖畔民宿」。

「在峨眉鄉的湖光山色中醒來」便是Airbnb總裁「新竹體驗」的第一站，也是我希望獻給世界旅人蒞臨新竹的第一個展演作品。當代很多精彩展覽經常在入口處設計摸黑入場，讓觀眾進到展場的第一個空間或通道有著黑箱體驗效果，展演世界在摸黑中開場，觀眾伸手不見五指，後突然看見藝術光影的美麗，總會驚嘆！

第一個美麗早晨

民宿主人田老闆與我決定讓貴客到達後能輕鬆放空，因此我不送見面伴手禮，田老闆也不準備宵夜，但在房間放了一份小禮：義民祭路跑活動特製大毛巾，小卡上寫著：

峨眉湖旁的民宿

Good Morning! The first and beautiful morning in Hsinchu County!（早安！新竹縣第一個美麗早晨！）

Chris抵達民宿後，大家說好了將他視為朋友般自然款待就好，長途飛行加上夜已深，湖光山色也已在沉睡中，客家人的好客熱情這時需要轉換成寧靜的溫度，我們寒暄不到十分鐘就讓他自行休息。好客和待客，接待和款待，如同旅遊和體驗，差異既細微又巨大。

很幸運的，「新竹縣第一個美麗早晨」陽光明媚！Chris一見面就忍不住大聊這棟民宿的設計風格、清晨繞湖跑步的驚喜，還有在路上遇見的奇妙事情，分享加上信任，這個世紀一個全新經濟模式概念就是這樣蹦出來！

Chris根本沒想到竟然走出民宿就可以繞著湖晨跑，簡直就像在度假勝地一般。因為之前他搜尋到的新竹資訊，都說新竹是科技城，科技城竟然擁有這片湖光山色！對歐美人士來說，從機場到民宿的車程並不算久，感覺這家民宿就在機場附近而已，怎麼醒來卻驚覺好像到了另一個國家？

Chris在晨跑時路過湖光村快樂路的彌勒大佛，當他看見大佛手上的地球和一串佛珠，直覺這是個好預兆！我問：「是哪種好預兆？」他說：「此行來台灣、來新竹是對的。我看見他手中握著世界與信仰，感覺他知道我在Airbnb工作！我們在地球上經營一個改

湖光村快樂路的彌勒大佛

變人們觀念和生活方式的事業，歸屬感就是個信仰，我一早起床慢跑就看見世界和信仰，多神奇！」對於Chris的感受，我感到意外也開心，原本只是繞湖晨跑的安排，沒想到意外讓他更加堅定公司經營理念和價值。

「你們真的很好客！我快跑回民宿前，在路上巧遇一位先生，他跟我笑著打招呼，還請我到他家吃橘子餅乾，他家就在旁邊，但我從頭到尾聽不懂他在說什麼，跟你們說國語的腔調不太一樣。」「他講的是客家話，他請你吃的應該是柿餅。」我說。這時老闆娘遞了一壺茶上來：「這是本店特製茶，烏龍加蜜柑，不在菜單上，款待自己的朋友喔！」峨眉湖邊的時光此刻真是美好，喝完茶走到戶外，我們開懷擁抱著這片藍天綠水。

散步深入峨眉鄉

許佩玟撰述

Chris以一宿兩天探索新竹，峨眉早餐後右轉去北埔。但你可以有不同的探索，轉往左邊，接下來將帶你認識在地魅力人物，一個真實的、溫暖的故事在那等著你。

茶鄉、仙境、教堂麵包

藍天下、綠水旁的峨眉天主堂近幾年熱鬧了起來，許多朋友特地去買窯烤麵包，三不五時就辦野餐或市集，有時還傳出撼動人心的鼓聲，假日絡繹不絕湧進的訪客，讓寂靜的峨眉漸漸變得不一樣……催生這一切的，是月眉觀光休閒產業文化協會理事長姜信鈞。

健壯的姜理事長是土生土長的峨眉人，已從公務員身分退下來的他，卻比工作時更加忙碌，一會兒是文史工作，一會兒是生態保育，一會兒是窯烤麵包，一會兒是鼓隊……

北埔魅力人物古武南眼中的他：「與一般公務員不一樣！」要能得到這樣一句評語可不是容易的，一眾公家體系中人都知道古武南有多難搞，唯有姜信鈞搞得定他！兩人都是有想法、有堅持、促進家鄉發展的有心人，與其說搞定，毋寧說兩人交手多年，彼此熟識，互相欣賞，有那麼點惺惺相惜的味道。

說到公務員，讓人想起前陣子台灣吵得火熱的十八％退休公務人員優惠存款，公務員之所以備受爭議，在姜信鈞眼裡，十八％只是導火線，究其癥結在於：「退休公務員素質高，卻沒有為社會做事情。」

重啟教堂大門

對於峨眉，斯土、斯人懷斯情，歷任北埔鄉公所村幹事、民政課課長等職務的他，卻等不及退休才為家鄉做一些事，在職期間就推動月眉觀光休閒產業文化協會的成立。有些事公部門不便或不能做，「在民間反而可以做更多的事。」他辦研習、做導覽，推廣生態保育，讓鄉親對家鄉環境有更深的認識，進而保存在地的文化與生態資源，讓峨眉鄉保有山巔水湄的絕美凡間仙境。

他不僅對環境有理念，也照顧鄉親的需要。他申請由教育部與企業合作的「DOC數位機會中心輔導計畫」，為鄉親安排課程、學習電腦技能，讓居處偏鄉的民眾也能無縫「滑」入數位時代。

為了上課場地，姜信鈞找上峨眉天主堂。興造於一九六三年的天主堂，是許多鄉親們的回憶，當時教堂還兼具診療所、幼稚園、儲蓄互助社等功能，姜信鈞童年時也曾在此玩耍、排隊領過教堂發放的救濟物資，自一九八九年神父撤走後，這座原擬發展成為遠東示範區的西班牙風格建築就長期閒置了下來。很多鄉親都覺得可惜，卻唯有姜信鈞在歎息之餘，讓教堂之門重啟。

他向這間教堂的持有者西班牙神父表明租借用意，神父點頭同意無償借給協會使用，但須維護與維修教堂空間。擁有退休教職員、農人、工人、返鄉年輕人等成員的文化協會，終於有了辦公室，許多計畫與課程在此展開。協會進駐後，將閒置多年、已遍布壁癌、斑駁嚴重的空間大力整頓，種植花草綠意，逐步恢復大夥兒時印象中的美麗教堂。

教堂窯烤麵包，千里飄香

今日千里飄香的教堂窯烤麵包，其實是無心插柳的結果。一位鄰居因病罹患憂鬱症，姜信鈞為了協助他走出來，邀請他發揮泥水技術的專長，在教堂旁蓋柴燒窯、做麵包。

這項助人之舉，可不是舉手之勞！門外漢的姜信鈞特地前往中華穀類食品研究所辛苦取經，又請來師傅授藝，他與鄰居費心費力學習怎麼做麵包，剛開始每個月會倒掉五、六十斤的材料，好一段時間後，終於成功研擬出融合東方美人茶、柑橘等在地農產的柴燒窯烤麵包。

木柴軟火、窯燒烱烤，保留了麵糰裡的水分不流失，烤出來的麵包特別軟、特別香、特別好吃！但是，做出好產品，不一定就能賣得好，接下來該怎麼將好麵包賣出去呢？

最初鄰里鄉親得知他要在峨眉賣麵包，都覺得他瘋了！在這偏鄉「誰會跟你買？」姜信鈞到處去說教堂窯烤麵包的故事，說了二年才終於獲得媒體報導，逐漸有部落客尋訪，名聲口碑漸漸傳開。如今每逢假日，天主堂的窯烤麵包供不應求，八十％的消費者都是外地人。教堂麵包不僅千里飄香，透過手造窯、手做麵包，鄰居的憂鬱症也因此療癒。

野山田工坊成立的使命感

姜信鈞為窯烤麵包成立了「野山田工坊」，從最初幫助鄰居一個人，發展成為提供鄉親就業機會的單位，目前已有七位員工，其中約一半領有身心障礙手冊，另一半則是中高齡就業不易的鄉親里民，這個工作讓他們有一份薪水，可以幫助改善家庭經濟狀況。「目前工坊每個月營收約六十萬，賺的錢主要都用於員工薪水，部分盈餘回饋給天主堂。」

野山田工坊的成立有其使命感，期望帶動地方經濟，提供就業機會，促成年輕人返鄉，成為社區的生力軍。因此，他認為，「一定要發展產業，才能形成規模、產生效益」，提供年輕人更多返鄉的機會。

鼓聲響徹山海湖——野山田鼓隊

照顧了鄉鄰的工作需求，姜信鈞也不忘關懷許多年紀漸長的鄉民，於是籌組「野山田鼓隊」，讓年長者來到天主堂打鼓，一方面鍛鍊身體顧健康，一方面也為培養休閒、交誼，讓天主堂不只存在於童年的記憶，也邀請大家回到童年現場，持續創造屬於大家的峨眉天主堂故事。

野山田鼓隊已成為在地有名的藝術表演團隊，在新竹地區不時可見鼓隊的身影，例如「二〇一四新竹國際花鼓藝術節」、由國立新竹生活美學館舉辦的「藝起去趕集」活動等。

這兩年，姜信鈞帶領文化協會承辦新竹縣峨眉鄉公所的「食藝峨眉」計畫，其中一場活動邀請婆婆媽媽們分享關於自己的私房料理，光是蛋料理就有五道，還有人帶來自己親手醃的老菜脯。藉由這項在地美學生活計畫，建立峨眉傳統的節氣飲食文化，以及釀製傳統的資料庫，「找回老人家的老味道」，例如古早客家人將蘿蔔絲晒乾存放，食用時，沖入熱水即可享用，是一道快速又健康的食物；同時，也凝聚在地人的聚落意識。

開啟認識峨眉的契機

峨眉有個很美的舊稱「月眉」，因地處中港溪支流峨眉溪的曲流凸岸，因半月形沖積河階而得名，山光水色的美景，因未過度發展而得以保留至今，才得有今日泛漫靈氣的峨眉湖、見證歷史的十二寮……。

在姜信鈞眼裡，峨眉什麼都慢，很適合發展慢活、漫遊與慢城，目前正整理教堂二樓的空間，作為民宿或打工換宿之用。很歡迎國內外旅人來到峨眉，舒舒服服地漫走、漫遊，漫看山水。

這個峨眉雖然不練武，卻有堪比武俠世界門派林立的複雜派系，要在這樣的環境中做事並不是那麼想當然耳的輕易。透過教堂窯烤麵包，有心人姜信鈞讓峨眉天主堂的大門重啟，迎進了鄉親共同持續創造在地的故事，也吸引各方旅人聞香而來，開啟認識峨眉的大門，讓峨眉走進大眾的視線。

湖光山色的茶鄉

好山好水的峨眉，是盛產東方美人茶的茶鄉，台三線上有許多茶行。因為茶鄉所在，也衍生出不少陶藝工作者在此製作茶具用器，燒製陶器的峨眉窯甚至吸引鶯歌陶人來燒陶；其中專做煮水壺的唐盛陶藝，以東方大自然元素金木水火土的概念，設計出「五行壺」——銅製壺把（金）、「木」製壺鈕、壺中燒的「水」、壺下燃的「火」、做陶用的「土」——是講究飲茶的茶人不可或缺的茶道具。

沿著峨眉溪轉進富興老茶廠，及茶廠主人家懸掛「魯國世第」的曾家百年老宅，即可來到峨眉湖。環湖走一圈花不了多少時間，各色山光水景盡收眼底。也許是湖色太美，引來多個宗教團體在湖畔興造修行基地。

而二泉湖畔咖啡民宿猶如被峨眉湖與遼闊山景所環繞包圍，假日更是吸引許多前來「朝聖」的遊客，只能怪景色太美，反而不若清冷的平日，能在浮於水面的咖啡館裡，好好喝杯咖啡，彷彿置身桃花源中。

茶鄉、仙境、教堂麵包，等你前來體驗獨屬於峨眉的風格慢遊與慢食。

拜訪北埔鄉：新竹小巴黎

為什麼國際探索路線是先到峨眉再到北埔呢？因為新竹家之香是東方美人茶，而東方美人茶之鄉在峨眉，東方美人茶之館在北埔，而與東方美人一起日出而作、日落而息的客家生活之印記在北埔，這美麗的客家小山城。

認識浪漫在地人：「北埔達人」古武南

微風輕輕吹過，湖水波光粼粼，風起、光來，天地滿是性感，在峨眉用過早餐後，Chris和我們接著要去漫步客家山城，去認識此地浪漫的新竹人。

從峨眉鄉到北埔鄉，從湖光山色到古蹟巷弄，兩個獨特場域之間的車程距離僅約十五分鐘，經過路邊知名茶行時，我趁機跟Chris說東方美人茶的誹聞（英國女王和今年冠軍茶的身價），對於茶，我是百分之百的外行人，但新竹是知名茶鄉，不能不提到茶，

「紅酒是法國的文化精品，東方美人茶是我們新竹的文化極品。」我通常這麼對國際友人說，聽完他們經常的反應是：「哇！那我要好好花時間來慢慢研究新竹美人！」

無論如何，「東方美人茶」是我遞給世界的一張新竹文化名片，文化是需要花時間的，因為花時間，所以意義價值昂貴；因為花心力，所以才會與眾不同。如果只是請 Chris 到峨眉茶行喝幾杯就太簡單，某種程度對文化極品來說實在不敬，於是我跟他說，在地的北埔朋

冷泡東方美人茶

友會請我們喝上幾杯東方美人茶，但你會需要花很多、很長的時間來理解和享受。他說：「我知道了！我記在心裡了！」，真好！這就是我最想要的回應，世界旅人停留的時間有限，但東方美人茶已住進他的心裡。

認識在地浪漫的人，是容易愛上新竹的關鍵。在地浪漫的人，會緩緩但又積極的過日子：修復古蹟、挖掘人文歷史、在過去、現在和未來中以身作則，愛戀這裡的一切，這是我從城市角度定義的「在地浪漫的人」。於是，來到北埔後，我將 Chris 一行人交給了老古和 Peter，客家山城中兩位在地浪漫的人。

出版過三本關於北埔和茶書的「北埔達人」古武南，和他交朋友要先了解北埔歷史，不然會被他唸上幾句，因為他深深愛著北埔。Peter 是北埔知名歷史建物「姜家洋樓」的主人，過去長期旅居海外，退休後回到北埔，以國際經驗和外語能力，不僅為姜家洋樓更為北埔鄉與國際接軌而努力中。

北埔很小，從國定古蹟金廣福到歷史建物姜家洋樓，步行沒幾分鐘。Chris 對於北埔人可以生活在古蹟中覺得很驚豔。

體驗，就像個在地人在此生活著

到了姜家洋樓，Peter 與太太、兒子已在門口迎接我們，Peter 以流利的英語帶領著大家認識這棟樓的傳奇故事，Chris 對修復過程和細節深感興趣，彼此交談中也聊到對旅遊的想法，以及旅遊和體驗的差異。若是單純的旅遊，我們一行人應該就是在門口拍張照就趕往下個點；但若是體驗，就要走進這棟屋子、聽聽主人怎麼說他與這棟樓的故事，也像主人一樣關心修復過程中牆壁怎麼處理？現在如何維護？這棟樓修復好了之後對北埔有什麼影響？體驗，就像個在地人在此生活著。

有趣的是，我們停留在二樓陽台最久，站在這裡看望著北埔一邊聊天，聊旁邊的屋瓦，聊這裡的人和活動，聊前方另一端的鐵皮屋頂以及亂飄的電線與招牌，聊著聊著也渴了，接著走去水堂，古武南的太太已備好東方美人茶和甜點麻糬等著我們。

老古把和家人、朋友們攜手共同修復水堂的前後歷程，寫了一本《北埔民、居》，副標是：「一個典型客家山城的庶民與建築記趣」，我覺得太文謅謅，反而是書封上一排小小的文字「穿瓦屋內有你有我、窗外有民有宿」，這句比較好玩，也比較浪漫！

進到水堂，對 Chris 來說，就終於真正進到客家人傳統的生活空間。

姜家洋樓

水堂

「百年穿瓦屋水堂修復記」的完整故事在此不多寫，讀者若有緣看到此，相信也會支持浪漫的人寫的浪漫故事，或是進一步來到北埔跟老古交個朋友，一面聽他說、喝杯他泡的茶，但是絕對要以真誠的心交朋友，不然他對你說話會有點毒——總之，有他這個朋友，在北埔絕對永遠不無聊！

沒想到Chris和Jake對客家甜點麻糬接受度百分之百，一口接著一口吃，不記得是他們兩位中的哪位說：「歐賣咖，這花生粉也太厲害了，這花生粉！」一直讚美花生粉，又忘了不知誰說：「老外每次吃到這都在讚美花生粉，好奇怪喔，明明是在吃麻糬……」，我心想因為花生是我們所有人都熟悉的，而只有我們最了解糯米做的麻糬。那好吧，我們就來跟古太太聊花生粉吧。

沒想到，我們在水堂吃了滿口花生粉後，到了水井茶堂，接著要努力研磨花生製作擂茶。Chris很認真研磨，認真到想捶自己腦袋瓜（有圖為證），他和Jake很驚訝茶葉可變成甜品，然後像麻糬的甜點又變成鹹湯圓，他們在新竹縣的第一個午餐，就在甜與鹹的驚異錯亂中很愉快的享用著。當然，水井的空間氛圍恍若時空交錯，我忘了不知又是誰提到馬可波羅？文青情懷是浪漫的，Chris是法律人出身，從政治剽悍的舞台到世界旅人的平台，他也是個浪漫的人。

Chris 和 Jake 的擂茶體驗

以精選的內容，帶來深度感動

傳統的旅遊是旅遊達人帶著玩、帶著吃，越多越好；但體驗則需要像個「在地生活人」，花時間認識經營在地生活的人、和耕耘在地文化的人聊天。這次策展主題是「性感與浪漫」，一個性感的人不會將所有漂亮的衣服穿在身上，他或她會選一件最適合當下場合、時空背景的衣服；一個浪漫的人走路不會匆忙趕路，她或他會像微風緩緩走著，並欣賞眼前所見、感受環繞在四周的事物，就像浪漫的義大利人彷彿用如歌的行板——這世界上最浪漫的節奏生活著。

北埔二百五十公尺內有四處古蹟、三處歷史建物，別說一整天，一整個月可能也看不完，我的意思是從眼睛看到心裡。所以，我先將這片古蹟擷取幾個鏡頭，加上幾位浪漫的在地人，放進世界旅人的心裡。內容真的不要太多，取捨絕對是不容易的，但我們要學會給世界旅人消化的時間和空間，真能感動他們的，自會主動將這份感動後的美好推薦給其他旅人。

全球最浪漫的城市非巴黎莫屬，北埔也可以是新竹縣的巴黎，巴黎人以緩慢的生活步調，在河岸咖啡館喝一杯咖啡，細細品味醉人的河岸風景與街上人物。在北埔的旅人，可以漫步古蹟巷弄中，走到哪都會是一處時空交錯的風景，找家茶店，與老闆喝茶聊天，傍晚時刻，在慈天宮欣賞這個新竹小巴黎一天中最迷人時刻。

説古蹟中的古武南

當藝術走進鄉下

「我會為了東方美人茶再一次到這裡待上至少一星期。」Chris 離開北埔時說。這杯茶是從新竹這塊土地找出來的國際級文化名片，藉由 Chris 還有無數旅人為我們傳遞給世界。而世界是平的、圓的、交流著的，在世界舞台登場備受肯定的藝術家，遠道來此，在地創作的作品，藝術嬌客住進了新竹，就是我們的家人了。客人 Chris 帶著東方美人茶離開，藝術家林舜龍和新竹設計家范承宗，一起帶著國際能量住進來。國際級文化名片東方美人茶，怎能沒有藝術陪伴呢？

峨眉鄉：油桐仔茶屋

峨眉鄉天主堂前方的草地上、榕樹間，有一座高約七公尺、直徑約三公尺，猶如蜂窩般的「油桐仔茶屋」悄悄矗立，這是國際藝術大師林舜龍為峨眉鄉創作的作品，以在地桂竹和漂流木製成木片所搭建，內部空間可容納四到五人在裡頭煮水、泡茶、聊天。除了可以在教堂吃或外帶麵包，推薦第三種專屬於峨眉的體驗——帶著新鮮出爐的窯烤麵包，喝茶的人可自備茶具、買個當地茶，喝咖啡的朋友則可買杯教堂咖啡，爬上藝術家林舜龍的茶屋，體驗一場置身藝術作品裡的獨特饗宴。

林舜龍已連續三次受邀參與日本馳名國際的「瀨戶內國際藝術祭」。來峨眉，不需等候三年一度、不必特地前往日本，享譽國際的藝術大師之作就在新竹。

林舜龍位於峨眉鄉「油桐花籽茶屋」作品原稿

寶山鄉：「種子星球」

我不敢直率地說寶山鄉是個旅遊勝地，這個小鄉鄰近新竹科學園區，但又是個安靜充滿綠意的純樸小鄉，除了每年冬天盛開的茶花，二〇一六年末新到了一位嬌客，一年四季，全年、全天無休可以欣賞到它，它是國際藝術大師林舜龍的作品「種子星球」。

林舜龍因緣際會在新竹縣創作了兩件裝置藝術作品，峨眉鄉「油桐花籽茶屋」有天主堂和姜村長相伴，寶山鄉的「種子星球」旁則有油田村集會所相陪，藝術雖然不會說話，我們人類都以為它們不是個生命體，錯了！藝術有我們肉眼看不到的靈魂

作者與姜村長

地址：新竹縣寶山鄉新湖路三段 191 號、沒有門票

開放時間：全天開放，但最好白天到訪，同時推薦到不遠處的寶山橄欖產銷門市店內享用免費的橄欖茶，不過，還是買份寶山橄欖，入寶山不要空手而回！

寶山橄欖門市｜寶山鄉三峰路一段 88 號／營業時間 8:00–17:30／電話：03-5760296，距離種子星球開車約 3-5 分鐘

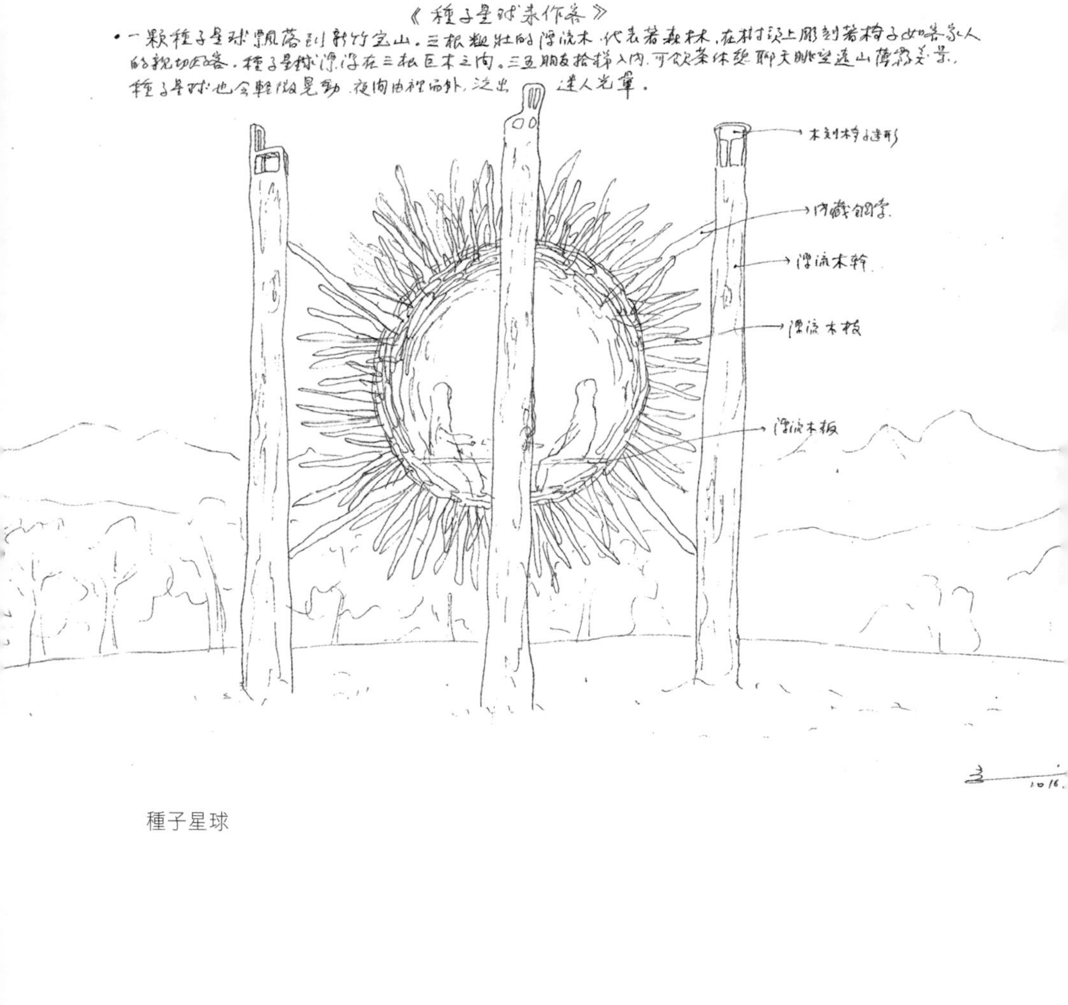
一顆種子星球飄落到新竹寶山。三根粗壯的漂流木，代表著森林，在樹頭上雕刻著椅子如客家人的親切好客。種子星球漂浮在三根巨木之內。三五朋友攀梯入內，可飲茶休憩聊天眺望遠山薄霧美景。種子星球也會輕微晃動，夜晚由裡向外，泛出迷人光暈。
木刻椅造形
內藏鋼管
漂流木幹
漂流木枝
漂流木板

種子星球

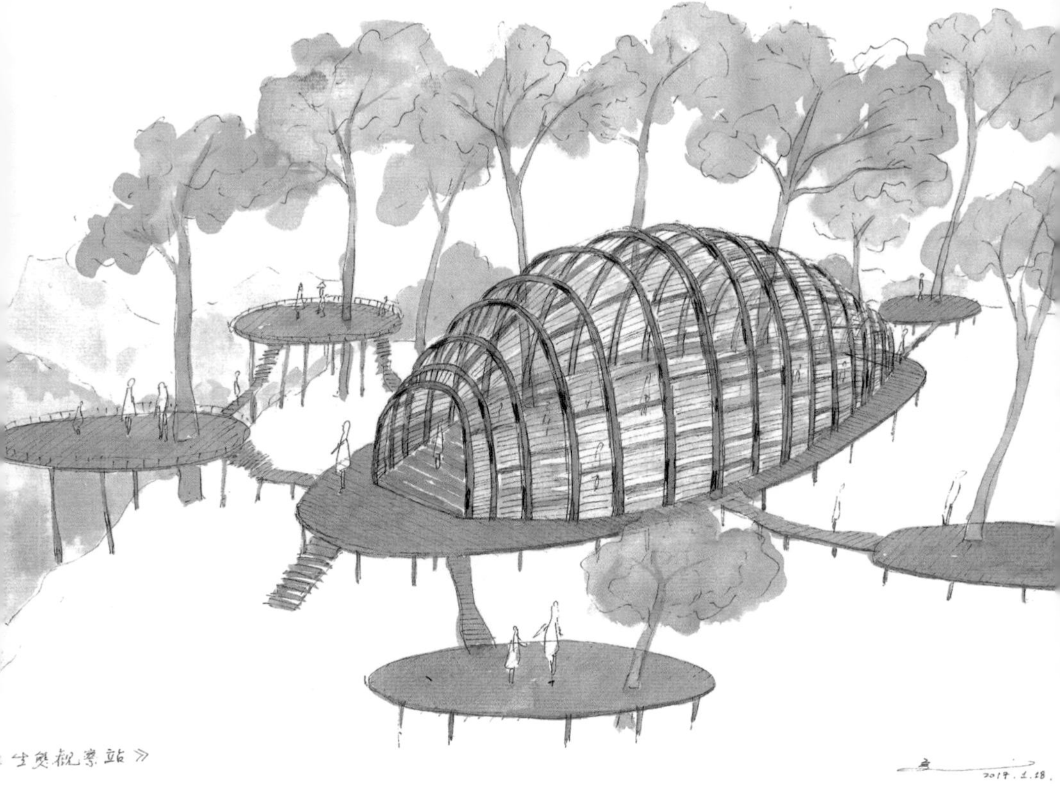

林舜龍作品「森之蛹」，位於五峰鄉。

與智慧，日本瀨戶內藝術祭藝術總監北川富朗，用了七年時間透過藝術，重新發現人與土地的力量，告訴我們這麼一句話：「藝術應該陪在人的身邊，發揮作用」，我們能不信嗎？

對沒有美術館的寶山鄉來說，一間無牆美術館就此展開了，藝術剛到鄉下不久，已經成為一名寶山鄉鄉民，它需要我們真心誠意的陪伴它，未來，它能回饋給我們的，絕對超過我們的想像。

芎林鄉：「旁邊 Beside」

芎林鄉的一級產業為農業，觀光旅遊產業也尚屬初期開發，這裡人車稀少，小鄉內有登山族熟知的飛鳳山，還有音樂族緬懷的鄧雨賢音樂文化公園，這處綠林燦爛的公園旁，在二〇一六年末同寶山鄉一樣幸運，也住進了一位藝術嬌客，這位嬌客很隨和、很低調，芳名就叫「旁邊 Beside」，一大一小在望春風的旁邊。

但「旁邊」一點也不旁邊，它可是芎林鄉六十多位居民和新銳藝術家范承宗，大家一起扎扎實實地創作，花了兩天兩夜製作誕生的，這是新竹縣有史以來第一件最多在地居民攜手催生的裝置藝術，百分之百來自生活的當代藝術，百分之百芎林鄉出品。而家住竹北的新竹青年承宗，熱愛竹、思考竹、創作竹、翻轉竹、發揚竹……，這位最愛竹的藝術家，以「竹」在國際上榮獲大獎，但仍謙卑地擱下光環與所有文青的挑剔和講究，坐在板凳上，在文林閣內傾聽此地鄉民想要什麼樣的藝術，帶著鄉民一起發想創作，更徹底的是，再帶著自願參與製作的六十多位鄉民，一手一竹，從這位年輕藝術家身上學會竹編，這是塑膠工業竄起後迅速消失的傳統工藝，「竹編多漂亮！多好玩啊！」承宗興奮的說，離當代藝術尚遙遠的芎林鄉民被他啟發了，大家共同創作「旁邊」的這兩天，是芎林鄉最熱鬧、最幸運的兩天，因為，藝術就在他們旁邊，當然，也在你我的旁邊。

白天的「旁邊 Beside」

夜晚的「旁邊 Beside」

地址：新竹縣芎林鄉文山路 131 巷

開放時間：全天開放、沒有門票

白天到訪音樂公園綠林圍繞，小鄉純樸，人車均少，藍天綠地悠閒盡享；晚上探訪可攜帶茶具提燈，浪漫的夜空光影，詩意盎然。春天與秋天，氣候宜人的季節，適合野餐，但請記得跟我們一起維護這處公園和「旁邊」快樂又乾淨的生活環境。

啟動竹北市的體驗之旅

許佩玟撰述

我們總在竹北高鐵站接人回家、送人離家，Chris結束一宿兩天的探索，跟多數世界旅人一樣，在竹北搭乘高鐵離開新竹。過了兩星期，我收到他從舊金山寄來一張Airbnb明信片，親筆手寫的溫度，和郵寄時間的長度，讓這張薄小的紙，充滿了難以取代的情感。就在我收到這張明信片後的幾天，蔡榮光大哥（新竹縣政府秘書長）介紹一位攝影家，他是全台創作最多台灣景點攝影，與製作最多明信片的許釗滂。接下來，我們要啟動竹北市的體驗之旅。

攝影家許釗滂看見什麼樣的竹北

說起竹北，是新竹市外，許多新竹人周末假日或下班後覓食的首選。這個新興市鎮，既有如春筍般冒頭的一棟棟嶄新大樓，也有舊市街；既有新近移居的科技人，也有世代相仍的舊居民。而出生在屏東、成長在台東的攝影家許釗滂，走遍全台，看過諸國大山大水，卻選擇落腳長居竹北——這個正在發展的城市，在攝影家眼裡究竟有什麼迷人處？

擁有國內外許多攝影學會博學會士榮銜的攝影家許釗滂，曾任歷史博物館外觀建築、玉山國家公園、工研院年報、石門水庫、新竹縣頭前溪、台南東山咖啡文化節……等專案攝影師，獲邀攝影美展無數，榮獲第四十屆全省美展攝影類優選，入選第四十三屆全省美展攝影類與第十二、十四屆全國美展攝影類，以及第十六屆台北市美展攝影類入選、第八屆南瀛美展攝影類佳作入選，攝影評審、教學經驗非常豐富。

在數位攝影時代到來之前，許釗滂曾經歷攝影最輝煌的時期，因為拍攝的照片多，以圖庫的方式經營，那時全台數得出來的銀行有十幾、二十家的月曆都用他的攝影作品。

他眼光看得遠，很早就由攝影作品衍生許多相關商品，例如信封、信紙、書籤、筆記本……等，他以台灣景觀做明信片已有數十年，堪稱全台景色明信片最多的創作者。

美景明信片，外國人認識台灣的途徑

許釗滂推廣明信片主要的一個目的是為台灣宣傳，他眼見很多外國旅人來台，卻買不到漂亮的當地風景明信片，藉由他步履遍及全台、長期拍攝的各色自然與人文景觀，轉製成引人入勝的美景明信片，讓外國旅人有個認識台灣的途徑。

他認為自己是個多元的創作者，因為從小生長在東海岸，對農村、漁村這些鄉土的東西特別有感覺，所以最初投入以人文攝影為主，也是他偏愛的領域，後來轉型跨入自然生態景觀平面攝影、紀錄片拍攝、商業廣告攝影與教學等。

在攝影上，他受父親的影響很大，父親留給他的座右銘：「不為自己求安樂，但願眾生得利。」他一直謹記在心，也寫在他攝影集的序文中。父親的人生觀深深影響他，透過攝影專業，他回饋社會，例如自費花了一、兩百萬元印製第一本攝影集，送給四千多間小學當鄉土教材。

他想，「我住在新竹，應該可以為新竹做一些事情。」

旅遊，投資新竹的一種方式

那一天去拜訪他，建議可以藉由明信片這樣一個載體，將新竹的故事、新竹的好山好水推廣出去，讓訪客來旅遊，讓企業來投資。來旅遊，其實就是投資新竹縣的一種方式！

許釗滂也認同愈多人來旅遊，新竹的經濟發展愈蓬勃。

他拍了許多新竹在地的風情，製成明信片，每張精彩的圖都有故事。他在新竹縣拍下的第一張作品，是一九七九年的北埔冷泉景，數十年下來，已累積數萬張與新竹有關的照片。未來他計畫成立一個據點，讓旅人可以到此，透過新竹各地的照片認識在地。

問他，若要從中選一張照片來代表新竹，用一張照片說服全世界的旅人來新竹玩，以攝影家的眼，會選什麼樣的照片呢？

頭前溪畔文化豐富，兩個月玩不盡

從數十年、數萬張照片中挑一張代表作，對許釗滂不是一件容易的事，而且這張照片要能詮釋包羅山海湖的新竹，必須讓人一見驚訝，印象深刻，又不能太過前衛讓觀者看不懂。

許釗滂挑出站在頭前溪河床上拍下的竹北一景。他認為，只要有水的地方就有人住，所有文化的起源都源於河流。頭前溪與其他地方的母河不一樣，從源頭到出海口都在新

頭前溪，許釗滂攝影

竹縣市，沒有橫跨其他縣市，然而喝頭前溪水的新竹人，卻多不知頭前溪的源頭與出海口。

在長年拍攝自然生態景觀的攝影家眼裡，漢人最缺乏的，就是向大自然學習，原住民為什麼會有那種開闊、熱忱的心胸，就是源於他們向大自然學習，與生俱來就與自然在一起，這是漢人沒法跟原住民比的。

早已無磅礡水勢的頭前溪看來並不起眼，要讓它意象化，又貼近真實感，需帶進人文意涵。許釗滂認為，新竹縣市是頭前溪孕育而成的，因為頭前溪的源頭和出海口文化、兩岸的客家文化非常豐富，沿著頭前溪兩岸文化去走，可能兩個月都玩不完。

出生在屏東、成長在台東，卻有超過一半歲月落腳扎根在新竹的許釗滂，早已認同自己是個新竹人，認為竹北是個適合人住居的地方，有一定的生活機能，既城市又鄉下，是個謎樣的新市鎮。

純樸與科技交會，謎樣竹北

曾任職唱片公司的莉翔，回顧當年，一方面要面對很大的業績壓力，一方面推動的又是影響一個世代很重要的音樂，多年的經歷實證，她體悟：經濟與藝術之間，其實是可以合在一起，不全然是對立的。受邀回鄉協助擁有山海湖景致物產的新竹縣發展的她，挑選了另一張詮釋當下心境的照片。那張在攝影家許釗滂掌鏡下的另一幅竹北，更顯謎樣，海市蜃樓般的影像，看起來很迷惑的一個城市，也許不僅僅是莉翔的「新竹心事」，也道出不少人心中眼中的竹北印象。

而許釗滂看見的竹北，是一個介於純樸與科技之間交會的城市。當地客家人受到科

作者黃莉翔眼中的竹北

技的衝擊，老一輩的被壓抑著，既不懂、也認為與自己無關；年輕人看見的卻是商機或前途。有些人歡迎房價飆高，也有些人卻不願房地被徵收，寧願住在老地方、老房子裡。

難道新竹很多有錢人嗎？許釗滂道出他所遭遇的在地人印象，有些人很有個性，甚至做生意一天只賣二百五十元就好，不想多賺，過得知足安樂。

他喜歡客家村，客家人也每每以為他是客家人，他融入地方文化之深，甚至做了四首桐花打油詩，希望透過鏡頭下的頭前溪，帶領旅人了解當地客家文化：客家人對外來文化較封閉，不易接受，若一旦接受了，就全心全意接受你。

追求永恆美的鏡頭下的未來之城

如今人手一機，隨時拿起來就能拍，人人都可以是攝影者，然而攝影當真如此簡單？投入攝影四十年的攝影家許釗滂，拍下許多如畫般的攝影作品，卻認為至今尚未拍出讓自己滿意的作品，這是一位攝影家對自我不斷要求的進境。他有時會去看看國外的大山大水，再回頭看看臺灣的山水有何不同。

他去過很多國家拍了很多照片，卻從未展示。他坦承，國外不是自己的家鄉，即使攝影也無法全心全意投入，沒有感情的地方拍起來總是走馬看花的景，即使乍看之下漂亮，也是剎那間的漂亮，不是永恆的美，他認為：「一張好的照片，不僅是構圖講究，故事內涵，還要有讓人心動的東西，才耐看。」

在這位重視人文自然生態的攝影家眼中，頭前溪水從過去流經現在、流向未來，孕育了兩岸生活，也如同不斷流逝的時光，「正因時光有限，攝影家才要把握生命去拍感動人心的作品，讓我們疼惜這塊土地，珍惜這生命活水的源頭。」所以他拍下許多頭前溪、河流源頭的照片，也拍下正在發展中的竹北，他說這個世界城市是未來之城，而未來值得期待。

造訪水岸店家，享受獨處時光

許佩玟撰述

竹北市有一彎綠水，這是竹北最美最長的綠姿態，全長五公里，細長綠水的東興圳，從高鐵蜿蜒到新瓦屋，貫穿高樓叢林與馬路。

這個新興城市因為這彎綠水，為我們保存了這裡曾是新竹大米倉的印記，同時，更留下了未來竹北翻轉為水岸生活城市的珍貴資源。

有水的城市才性感，有水岸的生活才浪漫，幸運的竹北還有著這彎綠水，而且，水岸兩邊已經慢慢開始匯聚了追求生活質感的店家，雖然不多，無論是一個人享受獨處時光，或是招待遠來的朋友，都值得成為你手中的名單。

最靠近高鐵的桃花源：若山茶書院

若山茶書院對於喜愛飲茶的人來說，是一個特別而雅致的所在，有別於一貫古典的

若山茶書院

講究，也不同於明快的風格，走進若山茶書院即被茶、器物、藝術與美所包圍，是一個寧靜樸質而別致的生活美學空間。一樓以咖啡、茶香與藝術展迎客；猶如穴居的三樓空間裡，擔負起大樹下返璞美好生活的教育推廣任務，不定期舉辦藝文、講座、課程與DIY體驗活動；另一側則是黑膠唱片圖書館。

在二樓的用餐空間，每日中午提供中式料理套餐；最特別的是晚間在此登場的私廚料理——融合飲、食、樂、藝的 Dinner Party，可深度體驗若山茶書院的生活美學情境，平日必須組團預約包場，若想一個人或三兩好友來用餐，則可預約每周六的晚餐。此樓另一端「茶貨店」，展售生活茶器物與好茶、老茶等。

我最偏愛的，是二樓茶貨店那張長矮木桌上，與好友煮水品飲；獨自一人時則喜愛一樓兩面落地窗交會的角落，窗外的綠意彷彿穿窗拂身，抬眼可穿透空

若山茶書院的甜點饗宴

間將正展出的藝術品掠入眼簾，也是一樓視角最好、最能僻靜的所在。

除了飲茶之外，最喜愛的是摸起來粗糙、看起來樸質的紅黃色土牆，據說是依循古法流傳下來的糯米、紅黏土、石灰及稻稈等建造而成的牆面，直接以土牆的原色呈現，撇開它健康的訴求，也就是這面土牆營造出介於樸質與時尚感的空間氛圍。

水岸邊：二街咖啡

二街咖啡為竹北營造了一方綠意祕境，打門前經過很難不被它爬滿綠意的外觀所吸引，走過攀藤植物小徑，打開厚重的木門，裡頭展現截然不同的工業風空間，落地窗的另一側有戶外座位，坐在那兒喝咖啡，被綠意與透入的天光圍繞，別有幽靜。

除了咖啡，還有茶、牛奶、含酒精飲品，甜點之外，還供應水餃、咖哩飯和三明治等餐食，是一間很好消磨時間的咖啡館。店內提供免費無線網路與插座，適合需要用筆電等行動裝置的工作者；還有一櫃子的書籍刊物，翻翻書、喝喝下午茶，讓人享受悠哉從容時光。這是莉翔生活在竹北，最愛的咖啡館。

離東興圳最遠、但就在稻田旁：喜木咖啡

初次來到喜木咖啡的人，都會被它挑高的空間、建築兩側盡是落地窗接引戶外田園美景所吸引，在這喝咖啡賞景，有一種天寬地闊之感。屏除音樂與人聲，從不同的角度看喜木，彷彿進入世外桃源的氛圍，吸引許多人特地前往——它位在竹北的邊陲地帶，也只有遠離鬧區市中心，才能有這樣大片田園風景。

推薦戶外涼亭一定要去坐上一坐，以最近的距離接觸稻田，放眼望去一片綠油油（或收穫時節的黃澄澄）與遠山景，聆聽稻穗在身畔搖曳的聲音，是城市人非常難得的體驗！特別提醒，記得噴防蚊液。

水岸盡頭的最美書店：或者書店

二〇一七年才在新瓦屋園區內出生的新店家「或者書店」，是一個集書店、展演與飲食的空間，充裕的空間讓喜愛閱讀的人找到適合自己閱讀的角落與書約會；親子閱讀區可以讓孩子或坐或趴，享受繪本裡的世界；二樓用餐區於下午時段提供咖啡、花草茶、

喜木咖啡

或者書店

氣泡飲與輕食等。

「或者書店」座落在新瓦屋客家文化保存區，每到假日有各式各樣的活動，人潮多，逛新瓦屋已經成為某些在地人的周末日常了，加上書店的選書與空間，吸引很多親子人潮，如果想安安靜靜與書約會，建議避開假日。

過去竹北總是一個抵達和離開的城市，親愛的讀者，請找個不急的時間，單獨或約三五好友，停留竹北，享受這裡有水相伴的時光……

一樓茶香迷人、綠水盎然，雖然不是世界唯一、世界之最，但這就是「新竹家」款待世界旅人的世界真心。

接下來，那將是無法取代的世界獨家了。

Chapter 2　二樓

少帥，
獨一無二的獨家導遊

體驗插秧，在田間吃便當；
深入竹東，以單車和步行發現未曾聽過的故事；
走進五峰鄉，譜寫「雅麥故鄉」新傳說……
最後，看見張學良眼中的山水，走今穿古，瞥見曾經。

五峰鄉裡的張學良

因為有了張學良的一段人生，五峰鄉的原民山林因此與眾不同。

一個世界旅人坐飛機再搭車，風塵僕僕長途跋涉來到五峰鄉，終於得以站在張學良被幽禁的這棟屋前，望著眼前叢山環繞，旅程的時間在此安靜下來，如果我說「遠道而來站在這裡發呆」是此行目的，我一定會被罵太浪漫！

是的，站在這裡發呆，是新竹體驗中最難以言喻的一段，這場發呆體驗是屬於懂這裡的人，此地山林並非台灣最美，即沒有偉大建築在此，也沒有靈魂料理在此，井上溫泉也非世界第一，沿途風景不會絕美到讓人目不轉睛，會遠道而來站在這裡發呆，當然是因為「懂這裡」。

這裡住著歷史上一段凝凍的歲月，這段張學良被幽禁的十三年歲月，是肉眼看不到的體驗，當年他與趙四小姐住的房子在上坪溪北岸，但因颱風引發土石流而被沖毀，眼前這棟張學良故居紀念館位於上坪溪南岸，是依照原本建築興建。張學良住過的房子早已化為塵土，但看不見的塵土卻又是五峰鄉意外的人文資產，吸引世界旅人願意千里到此的人文資產。

這位少帥和無解的前塵往事，以及五峰的山林流水交織成了世界獨家，當你願意長途蜿蜒而來，我們每個人所知道片斷的、部分的、不可解的張學良，總會浮現在心中，我們看不到他，但他就是這裡獨一無二的獨家導遊，比任何人都還有力量，任誰都忘不了他。

當年將張學良幽禁在五峰鄉，主要原因是交通困難，長途蜿蜒山水跋涉，只能進，很難出；走一趟，就是一回人生，時間在這裡是皇上。因此，入山之前，我們和旅人先在竹東，以緩慢速度體驗插秧，向時間彎腰低頭，向皇上磕頭，準備這一趟體驗之旅。

以無形的人文資產勝出

我們邀請 Kevin Liao 到台灣來，理解 Airbnb 在新竹進行的溝通與合作，進一步認識合作夥伴，以及夥伴的在地體驗內容。對我來說，因為向這家美國公司進行招商，是藉由提供體驗，交流彼此的合作想法；不同過往傳統的招商對象，不是洽談土地就是找廠房，但 Airbnb 目前還不需要一個辦公室，所以從認識他們之後，我的招商已經從土地到雲端，新經濟模式總是被少數人發展，大多數人跟在後面，有些人理解、有些人非常不理解，理解的人告訴我「機不可失」，不理解的人警告我「別跑前頭」，舊法規遇上新經濟，正面負面眾聲四起，我不想盲目跟著眾聲追捧科技烏托邦，但也不想死守舊城被創新顛覆毀滅，在與他們討論合作內容的過程中，我意外的去學習當個新竹導遊、新竹體驗的研究者，還有更意外的是發現當下早已存在的人文資產。

資產之於資本主義，是有形的物質資源，有著具體的實物型態；資產之於人文主義，則是無形的文化資源，你不見得看得到它，但它無所不在，而且可以永恆存在。沒有資本主義的資產我們便不能活，但沒有人文主義的資產我們活著沒價值，這兩項資產從來就不需要對立與衝突，義大利文藝復興時代早已印證。有意思的是，有形資產是活在當下，無形資產卻是從過去而來、活在當下並延伸到未來，當我規劃 Airbnb 第二條路線，給世界旅人的第二個新竹體驗時，我決定要讓人文資產勝出，因為無可取代的最有價值，這世界不缺傳奇故事，令人感動的絕世美景也多的是，但是，感動又感心的，才能駐留在世界旅人的心。

我的開場白這麼長，實在是因為這趟行程需要慢火溫燉，比如歌的行板還要慢，就是慢板 Adgio，需要慢、需要鋪陳，才能在張學良的人生百年彈指瞬間裡，抓到那麼一絲絲的情懷，在飄著細雨的清泉體會悲歌的浪漫，在櫻花樹下喝杯咖啡享受幸福當下，在生猛山林裡學當獵人、學會等待，在過去和未來之間，以慢板體驗這一路一切的無法言喻。

但在上山前，讓我們先插秧了解種田滋味，在田邊吃完午餐，逛一下客家農村社區，再往山裡去吧！

體驗插秧，在田間吃「壽膳」便當

Kevin一行人從台北坐高鐵到新竹，之後驅車前往五峰鄉，最快的車程是經過竹東鎮，路過一個推廣食農教育和充滿客家彩繪的「軟橋社區」。

Kevin在美國出生長大，從小到大生活在城市裡，雖然因為工作、旅行一定到過農田，但從未下田插秧，因此，此行的第一站來到「頤禾園」，這是科技人陳老闆轉換人生跑道後經營的有機農園，特別的是客家老闆與原民夥伴結合的多元文化團隊，一起攜手推廣食農教育、帶領農事體驗、生態環境導遊。

老闆陳禮龍原本是家科技公司創辦人，但在全球網路泡沫衝擊下一切化為烏有，當時他只剩下這片田、這片天地，命運轉折禮遇他成就了另一番新天地，讓我們先在此脫掉鞋子插插秧吧。雙腳踩進泥濘中，手裡抓著秧苗，那些創業、巔峰、失敗、東山再起等高潮迭起的人生……沒力氣想了，對都市人來說，每束秧要插好、插穩是很費力的，尤其豔陽高照下。

插秧體驗

我們在田間吃便當，這個便當有個尊貴名字「壽膳」，清朝住在頤和園的慈禧太后御用食物就叫「壽膳」，我們在頤和園插秧吃壽膳，所以，我們是自己插秧種田的皇族！大家邊吃邊聯想有趣極了。便當從花布到食材都是來自在地產業，從竹東篁城竹簾與竹筷子、竹東花花世界客家花布、阿金姐紫蘇梅、阿娟姐客家酸菜、頤禾園有機米與有機蔬菜、竹東市場滿珍香雞肉炒小黃瓜、北埔鹹豬肉……等。

壽膳便當

客家彩繪的軟橋社區

悠哉吃完便當後，又悠哉晃到旁邊老舊客家庄社區，如今知名的「隱藏版彩虹村」，由軟橋女婿吳尊賢花三年時間，將客家人日常生活和社會觀察彩繪到老牆壁、門上、窗邊到電線桿上。台灣有很多彩繪村，但這裡原汁原味，畫的是村民自己的生活和看見的社會詼諧怪象，畫自己就是無人能取代的原創，小村莊的人文資產，時間越久會越有價值，我從世界旅人的眼神中看到了。

在頤禾園塗鴉牆上留下 Airbnb 心型與感謝

探尋竹東鎮

許佩玟撰述

一九四六年張學良被送往五峰鄉，幽禁歲月高掛在山林中，與山下的竹東鎮，僅在上山和下山時擦身而過。竹東鎮位居新竹縣的中心，有著熱鬧的小鎮生活，但對張學良來說卻遙不可及，他無緣目睹竹東鎮繁華的玻璃工業、水泥業和林業發展，也無法眼見它轉型成為科技工業小城，時代在竹東鎮刻劃了鮮明的發展變化，但時代在張學良身上卻靜止與凝凍了。在竹東軟橋學會插秧後，往南走，上山去看張學良，往北走，則是竹東鎮喧鬧市街，人間的生活鄉鎮。

讓我們再緩一緩，先往北走，逛到鎮上，走入充滿人間況味的竹東鎮。

一個鄉不鄉、城不城的地方

說真的，在竹東生活了人生將近三分之二的時光，至今我仍未準備好如何介紹它。

對於「竹東」，從小有一種迷樣的情感，不是它有多好，也非家鄉的緣故。小時候，清晨醒來，開窗可見初升的太陽從東方群山間緩緩爬起，彷如吸收旭日的精芒，感受滿滿的朝氣與希望——在想像力旺盛、隨時可以墜入白日夢的童年歲月，向東南眺望時，總幻想著有什麼樣的傳奇在不明的群山中，年紀稍長，讀到了不久前的一頁歷史，才知那五峰的深山上真有傳奇人物。而老是搞不清這條路為什麼會串到那條路的我，雖然時時迷航，卻永遠牢記家在日出「東」方的位置。

童年的農村印象

對於竹東的第二眷戀，來自於一場不知該不該算是誤會的迷霧——早年聽說竹塹的得名，來自於盛產「竹」與地形下陷如地塹，我一直深信不疑，因為在竹塹城東，我出生成長的土地上確實處處有竹，家中每到夏日就有吃不完的竹筍，電影《1895 乙未》在陡斜竹林間作戰的場景，彷彿童年再現——只不過我們黃髮小兒騎馬打仗是玩兒的。後來亂翻書，讀到王陽明先生在竹林間領悟「格物致知」說，懵懵懂懂的我也跑去格竹子，一下午只格了滿頭包——山上的蚊子太兇猛！

竹林旁是一片茶園，每到春末夏初，就要全身上下包緊緊去摘採那一心二葉，茶園與竹林間常可聽見我的驚叫——昆蟲太多啦，一不小心就摸到、一不留神就爬到身上！那時旁邊的大圳溝依稀是土石壁，跳下水安全無虞，偶爾還可以抓魚蝦，雖然我都撈不到。家門前兩排行道樹，雖無小橋卻有流水經過。

童年的場景，構築了我的農村印象。

在我幾成斷代史的童年記憶裡，還有一家族的人在自家山上焢窯烤地瓜的情景，然而飛逝而去的不僅是時光，連曾經的常民生活與記憶都一點一滴的消失，如今集體罹患失憶症，竟連焢窯怎麼焢都忘得一乾二淨。

眼見其他城市或野嶺山間交通不易深入之地都發展出各自的精彩，而竹東的精彩何在？一鄉一特色，竹東有什麼特色？峨眉有茶、新埔有粄條，而竹東有什麼？朋友來竹東，我可以帶他們去哪裡？

這一連串的問號，發現自己對家鄉的認識一片空白，活像在架空的世界裡，加上參與編撰關於竹東的一本書裡，田調資料中的現況，簡直讓人覺得這是無聊中的無聊地方！

我不甘也不信，我相信一個地方一定有它的故事，只是有沒有被發現？有沒有被看見？於是我以單車和兩條腿逐步發現竹東的故事。

熊熊大火燒出榮景與冰滋味

為了覓食，曾帶一位朋友走入中央市場附近的小巷弄，他發現矮舊的老房子前竟停了一輛保時捷，提醒了我竹東曾經有過的繁華。

上個世紀初，日本人在竹東員崠子為了挖油井，挖到天然氣，爆出熊熊大火連燒數日，這一燒燒出了竹東的榮景——玻璃、水泥產業的興盛，窯業聽說早年也不少，而竹東也成為全台最早使用天然氣的地方。當年蘊藏的石油帶來了主祀日本石油業保護神「天香山神」的神社，至今還遺留在員崠國小校園裡。

❖ 資源莊冰店

距離員崠國小不到三百公尺的資源莊清冰沾鹽巴，是在地人與遊客都愛的夏日涼品，這裡也是當年開採石油的台灣礦業株式會社礦區，後來為日本官方的日本帝國株式會社台灣礦業所併，二戰結束後由中油接收成為員工宿舍，建置禮堂、福利社、球場……完整的生活機能，如今只有冰店和理髮店保留下來，去資源莊撒鹽吃清冰時，還可以看看見證竹東興衰與台灣石油業開拓史的老建築與老照片。

❖天降神冰

既然提到冰，非得介紹店家「天降神冰」，夏賣黑糖剉冰，冬賣甜湯燒仙草，別看店名有點「天兵」，淋上它獨家的黑糖水，剉冰特別好吃又大碗，將高雄同款冰遠拋百里外。有趣的是早年老闆夫婦經營唱片行，不時舉辦知名歌手簽唱會，轉行經營冰店仍不改時髦穿著，坐在店裡吃冰還有眾多老唱片相陪。

❖Baxter Gelato 義大利式極致手工冰淇淋

這家藏身在鎮外小巷的知名冰淇淋門市，也是生產地，沒有連鎖冰淇淋品牌門市的設計裝潢，將最大的心力用在產品與口味的開發上，早在冰淇淋門市遍開全台之前，一群原來從事醫療軟體、藥品物流業的夥伴

資源莊冰店

們，於工作中凝聚對健康飲食的共識，即共同創辦了結合當季水果與低脂健康的義大利式冰淇淋品牌。他們的冰淇淋「比冰淇淋還黏人」，幾乎吃過的無不從此愛上。

吞吐八方的物資集散地

曾名列全台三大市鎮之一的竹東，其榮華興盛靠的不僅能源一端，石油、天然氣的開採只是起頭，真正讓地方興榮起來的，是它曾經吞吐八方的地位——芎林、橫山、尖石、北埔、峨眉、寶山、五峰的木材、樟腦、茶葉、山產、煤礦、水泥、石灰等物資集散地，其中尤以林業最為重要，林業發展帶來的經濟財富，匯聚許多從業人員與相應而生的各行各業百花齊放，將竹東推向繁華榮景。

別看現在小小的鎮上市街，曾經聚集了酒家茶室十數家，還有三大戲院、數十家布店、照相館……林木業的商人、從業人員等在竹東進進出出、休憩落腳，造就了民生百業與娛樂行業的興盛。商華街與榮樂街上，至今猶可見多家傳統布行、修衣修鞋鋪。

不過，要說到最能代表竹東作為集散中心繁華過往的，非中央市場莫屬，雖非竹東第一個市場，卻吸納其他市場的攤商與人潮，目前已超過四百攤，成為在地最大的傳統市場，邁向一甲子的時光，至今仍是鄰近八鄉鎮的民生交易中心，許多人都會來竹東補貨。平日買菜的在地人已不少，一到假日更是湧進眾多人潮，許多外嫁他鄉的竹東女兒常回來逛市場，從匯聚南北奇貨的市集中「挖寶」，生鮮蔬果熟食之外，還有許多客家粄食、小吃點心可以嘗，愛逛市場的人進去就很難出得來了。

妙的是，中央市場白天是市集，晚上變身夜市，範圍主要在東林路上，大約從東林橋到竹東圓環間，是新竹地區難得日日有的夜市，也是幾乎沒有夜生活的竹東，除了速食店之外，深夜可以覓食、吃宵夜的地方。中央市場步行可及之處，可說是鎮上最能感受在地生活氣息的地帶，從清晨到深夜，從老人家到年輕人，各有出沒時間。

不過，說到夜生活，現在的竹東人可輸給了父祖輩，林業最盛的時候，竹東可是越夜越熱鬧呢！

左上／林業展示館，林業展示館有濃蔭成蓋的樹木與舒服的草皮，在地人很喜歡在這裡辦活動。

左下／竹東陸橋，來到這座幾無人在走的天橋，就意味著要進入竹東鎮上最熱鬧的市街了。

LUXGEN
u5
70萬以內SUV同時擁有
03-5962093
陸
興
林業展示館
樹杞林文化館
右轉車請減速慢行
888 洋菸酒批發零售專賣店
03-5966151
adidas
第一品
中古
安全
機車買賣
帽大賣場

說來，竹東是一個奇妙的地方。

從民國六〇年代的六萬多人、七〇年代七萬多人、八〇年代八萬多人，到九〇年代邁入九萬人以後，十多年來一直維持著這個人數，很多年輕人移往都會區，也有很多的移入者，有竹科工作的科技人，也有從尖石、五峰下山的泰雅人、賽夏人，所以這個小鎮始終維持著一定的人口，走在路上從老到少各年齡層都有。

說它是農村，在鎮上市街卻幾乎找不到一棵可以歇腳乘涼的樹。據新民街工藝之家曾定榆老師的回憶，童年就讀學生人數爆多的竹東國小，因校舍不足，被分配到今日蕭如松藝術園區附近的一棟日式房子裡上課，教室周圍都是稻田，下課時大家就往田間撒野地跑。

而今我所能想到的，唯有東林路上的林業展示館有那濃蔭樹木，為熱夏帶來一絲舊日的涼意。

走今穿古，瞥見曾經的繁華

遊逛竹東，一定要把車停好，或搭乘遲至一九五一年才全線通車、於二〇一一年重新復駛的台鐵內灣支線，略略回味舊時光。下了站台，可先看看這座日式車站，與台灣其他日式車站不同的是，竹東車站是日本政權離台、國民政府來台後，按照日治時期的設計圖建造而成。從台北來的朋友，從西門町或台北轉運站搭乘國光客運，約二小時車程即可抵達小鎮。

總之，憑靠兩條腿才能好好逛市街。近年車站旁新造的竹東動漫園區、竹東藝術村，有待未來開展出在地的面貌。

❖ 蕭如松藝術園區

被許多人喻為竹東最美人文景致的蕭如松藝術園區，是許多攝影人、婚攝

蕭如松藝術園區

的好場景，附近居民也常來休閒散步，在竹東高中任教、態度嚴謹的蕭如松老師，是未曾親炙的傳說，在他舊居的空間裡可以透過畫作認識他與他的時代，這裡也是目前鎮上最能舒舒服服坐下來喝杯咖啡、品味下午茶的地方，坐在窗檯用餐，是日式建築裡才有的悠閒享受。

❖ 篁城竹簾

篁城竹簾位居竹業集散地的竹東，將尖石、五峰盛產的高品質桂竹製成竹簾，為堅持天然、健康的竹材與製作過程，始終不進入大賣場大量傾銷；目前門市與工廠在同一空間，購買竹製品還可看到編織竹簾的機具，除了自製商品外，為推廣與支持竹製品與技藝，也展售地方手工竹編器物。它的商品展售區不大，但很多創意小東西必須仔細看才會發現，例如竹編童玩、可編成仿古書冊的竹簡等。自從開始玩茶席，我第一個入手的配件就是他們家宛如古書冊竹簡式的席簾。

❖ 木與意念工坊

代表林木業的有復育森林、永續經營的正昌製材公司，以木材進行多媒材創作的工藝之家「曾定榆工作室」，及依原木之形創造有感溫度美學家具的「意念工坊」，無論買不買家具，都可以去拜訪「意念工房」，以一杯茶或咖啡的時間，感受它所傳遞的居家美學。這幾處則離市街稍遠些。

❖ 瓦當人文書屋

敢在竹東開設專營文學史地社會類選書與支持獨立發行刊物的獨立書店——瓦當人文書屋，竹東藍色大門幾乎成了它的代稱，為山城引進許多以往得去台北才能聆賞的藝文、音樂活動與課程，午後可以到書屋喝杯咖啡或茶、看看書，度過有貓為伴的閱讀時光。

❖ 潛園五行湯麵

鄰近有一家「潛園」，然此潛園非彼（竹塹城）潛園，應是做了百年生意的人家，約於這世紀初以五行湯麵開設的素食餐館，以招牌五行湯麵、可續碗的美味湯頭、古早零嘴吃到飽聞名新竹，其單點的菜餚也是一絕，尋常菜色卻能料理出不尋常的好滋味，不但假日吸引許多遊客，周間也有不少竹科人來用餐。

小鎮與竹塹城的潛園倒是有些關聯，咸豐年間潛園主人林占梅來到當時稱為樹杞林的竹東，寫了一首詩〈樹杞林村即景〉：「一村風景倍翛然，雜遝峰巒斷復連；鳥趁白雲齊度水，人隨黃犢共耕煙。山溪逼仄擠奇樹，石磴嵚嵚瀉急泉。安樂有窩誰卜築，槿籬茅舍翠微間？」（收錄於《潛園琴餘草》）

❖東風南喃

愛吃甜點的人不會錯過「東風南喃」，伯爵戚風蛋糕混融伯爵茶香、綿密如冰淇淋的奶油與鬆潤蛋糕體的口感，非常耗工的各味千層蛋糕也令人驚豔，這家店接近下公館車站，與鎮上市街有些距離，人潮卻川流不息，是竹東咖啡店少見的景象。

❖宗教在竹東

探一探竹東的宗教也挺有意思，往竹東森林公園的小山爬，沿途可見佛教、道教、天主教共存共融的祥和景象——矗立大佛的大願寺、主祀關公的普照宮、天主教墓園靜苑四、五十年來比鄰為伴，一派融洽景象；市街上主祀客家人山神三山國王的惠昌宮，從新埔義民廟迎請義民爺香旗，到如今仍持續每日午後信眾奉飯，誦念犒軍文的儀式。

因為天然氣的發現、玻璃和林木等產業發展而成為內山地帶政經中心的竹東，由農轉工到高科技時代，曾經的繁華城市，在時代轉度間成為一個鄉不鄉、城不城的地方，市街幅員不大，巷窄路狹，徒步遊走最好，舊時代的繁華遺跡每每在細微處、不著意間躍入眼簾。

獵人的自由與遠方的不自由

離開竹東鎮市區，抬頭看著南邊的遠方山群，我們繼續以慢板的節奏前往五峰，這趟路真的非常慢，但親愛的讀者，你終會明瞭，越慢，那份名人情懷，會越濃烈。

這趟路，慢到我們還要先停留在山腰，先學會當一名獵人馳騁山林中抓山豬，最後……再去看張學良。

雅麥獵人在錯誤中重新開始

軟橋客家農庄到雅麥部落這趟路不長，卻轉換著兩種截然不同的文化場域，差異在短程中快速轉換，時空交錯感突然湧上，雖然慢行前往，但心裡有種快轉速的刺激感。

半小時左右的車程很短，腳底下還有插秧時的泥巴味，一晃之間竟到了另一天地，一個獵人的天地，一個原民女婿想實踐文藝復興的天地。客家子弟標哥與泰雅美女標嫂在五峰鄉的雅麥部落成家立業，以泰雅文化生活為經營元素，標哥說：「經營過程中最大的錯誤是疏忽自己的文化，沒有文化哪有發展的本錢？」他瀟灑的說，曾經做錯很多事，觀光的表面東西留不住客人的心，也沒辦法招攬部落年輕人一起打拚，「什麼是傳承？拿什麼傳承給下一代？我能夠給他們的最大財富就是幫他們留住泰雅文化的生活，然後用自己的方式，用跟得上時代的新方法，想盡辦法發展下去……」

我們將車子停在竹林養生村，也就是他原本的休閒體驗農莊，沒在農莊停留，往上走去他正在試營運中、

想像自己站在這裡是自由的獵人，遙望遠方不自由的張學良

尚未完成的山邊獵人學校，走進所謂的學校大門後就要爬山了，開始像個獵人了。

天氣好，泥土乾爽，爬坡不會滑，但石階不穩，每一步都要留意，更要留意路上預先設計好的陷阱，獵人學校的中階班是要學會架陷阱，高階班則是天黑後留在山林裡狩獵，但像我們這種都市呆，能看清楚陷阱就很了不起了，此行最有意思的體驗就是現場認識陷阱，還有看看模擬傳統泰雅生活的場景。

Kevin最喜歡的是穀倉和瞭望台，我最喜歡沿路植物生態場域，有時候風吹草動時的一絲絲恐懼感更讓人著迷，似乎野外動物正在草叢中盯著你看，感覺置身在電影《飢餓遊戲》場景中，一回神，標哥和總教練在上方大喊：「快上來啊！要烤山豬肉了！」

山上的餐桌和椅子百分之百野生製作，連桌墊都是由綠油油的一片片大葉子疊成，一路爬上來耗體力，一看到這媲美義大利黑手黨大家族的氣派大餐桌，簡直胃口大開！用竹筒裝著小米酒，一杯又一杯，加上與山林共存的強大氣場，身心舒暢無比！大家都覺得活力上身，再多的挑戰都不怕了！

我與共餐的夥伴聊起下一站，我說酒足肉飽後要去看張學良，這位朋友說：「我們如果沒將這座山保留原狀，沒在這裡保留任何泰雅獵人的文化和生活，我們就會跟張學良一樣，人生到三十六歲，以後就沒有了。」這位沒交換名片，只跟我喝酒聊天的老兄講了這麼一段話……當下聽來心裡為之震顫、且一直記在心裡。

此行我們沒有上完獵人學校全部的訓練內容，我們是來旁聽一小部分的初階課程，不過 Kevin 說這裡是他下次會要再來好好待上至少兩晚的地方，而且是下飛機後直奔而來——我真的很高興他這麼說。

進行一場「文化翻譯」

從高鐵一路至今，我沒有大力推廣新竹體驗有多精采，只是放慢時間拉大場域，給世界旅人與人文資產相遇的對話空間，「自己體會」是體驗的真諦，真正的世界旅人不需要喋喋不休的導遊，他們有可以聊得上話的同伴同行就好，而我做的只是將所有資訊消化後，用世界旅人立刻能懂的語言跟他聊天而已，當然我必須說實話，為了使用對方「立刻能懂的語言」，我一直認真的、不斷的做功課中，此刻，也沒停下。

「立刻能懂的語言」不僅是語言翻譯，而是「文化翻譯」，不管我眼前這位世界旅人是說英語、法語還是德語，我必須以對方的文化理解為翻譯基礎和重點，例如：當我們用中文介紹張學良，我們會說他是「影響中國命運的歷史關鍵人物」，但並非每個世界旅人都了解中國歷史，若以立刻能懂的語言來介紹，我的說法之一會是：「今天中國與台灣的兩岸政治狀態，就是因為這個人——Young Marshal。」

Kevin 已對獵人學校有了初步體驗和好印象，在離開這裡之前，我們爬上大約三樓高的瞭望台，往外探看，可以看到遠處麥巴來瀑布細細奔流在群山之間，可以聽到下方上坪溪清澈滔滔的水聲，還有看不到卻就在耳邊打招呼的鳥聲，我們是尚未踏上大自然存亡戰場但先享受大自然美好宇宙的假獵人，在此刻，我們也比當年的張學良幸運，因為當年他可是連這裡都不准來的。即使他就住在上方十二公里處而已。

叱吒沙場卻被幽禁於一屋的張學良，對照滿山遍野自由奔跑的獵人，那巨大又無聲的無奈，依稀感覺正從那遠遠的上方飄過來。張學良有過騎馬奔騰的戰場大自由，卻在獵人奔騰的天地間失去，只剩下從家門口走到吊橋旁的小自由，他的幽禁顯得更為深刻。而自由，在此刻，更為可貴了。

一路慢行的我們、自由的我們，要在夕陽西下前去看不自由的張學良……。

深入五峰獵人學校：譜寫「雅麥故鄉」新傳說

許佩玟撰述

提到五峰，總讓人第一時間想到傳奇的少帥張學良將軍，以及傳奇的文學作家三毛，有趣的是，這兩位為五峰平添傳奇色彩的人物都不是五峰人，五峰是新竹地區唯二的原住民鄉（另一個是鄰鄉尖石）！

傳奇有些日遠。而今日，在距離山腳下的竹東下公館僅二十分鐘左右車程，有個連許多新竹人也尚未知曉的「獵人學校」，幕後推手也不是五峰人，但這回卻是攜手原住民族人，為「雅麥故鄉」譜寫新的故事。

走進山地原鄉的客家人

五峰獵人學校，是與一群夥伴為竹東故事做紀錄時，不斷從工藝大師、在地業者口中聽聞，也不時聽到標哥大名，短短二十分鐘的路程卻經過年餘才上得山來，路不難走，卻讓我這極不耐車的人在微暈中踏進了久聞之地。還沒緩過勁來，就見身材高大健朗的標哥身穿泰雅披肩，滿臉笑意迎了出來。

竹北客家子弟郭文標娶了五峰和平部落的美女雅外·黑帶（漢名蔣冬妹），人稱標哥、標嫂，就此與泰雅結下深厚的緣分。眼見原鄉青年離鄉背井，珍貴的泰雅文化急速流失，標哥比誰都惋惜，比誰都焦急，善於組織、整合，熟悉公部門資源的他，想為泰雅族人做一些事，自民國九〇年代開始陸續成立「麥巴來文化休閒產業協會」、「和平部落休閒農業區」等。

大家都說原住民「好客」，也都說客家人「好客」，當好客的泰雅人遇到好客的客家人，就此一拍即合、順利共創事業了嗎？並不！由於數百年來的歷史情結，儘管做客時可以感受原住民的熱情，但要深入原住民文化，尤其是文化傳承這一塊，更是觸碰到原住民對漢人的戒心，因此標哥這一路上遭遇重重挫折，連標嫂都看著心疼，勸他放棄，但他有著客家人「硬頸」的精神，不肯輕易打退堂鼓。

公職退休後，他帶著標嫂返回山地原鄉，再度與部落夥伴成立了合作社，創辦「和平部落養生村」與「獵人學校」，推展二十年前便已看見永不會被取代的好山好水好人情這些大自然與深層文化。

泰雅部落的生活老師

五峰鄉竹林村的和平部落，泰雅族語稱為「麥巴來部落」，在部落裡標哥有三位生活老師，一位是王來進老先生，在他身上學到許多生活的智慧、處世的道理；一位是曾作權老獵人，大霸尖山是他的獵場，在原民會說話鏗鏘有力，從他身上學習文化保存；還有一位是四十多年來走遍五峰、尖石二鄉十一村五十二個部落的廖賢德老師，他做泰雅文史調查與紀錄，並保存泰雅族文物數百種，數年前因保存泰雅族文化有功，榮獲前總統馬英九頒發「泰雅之子」獎牌，是一個比泰雅族人更了解泰雅文化的客家人，許多泰雅族的問題都要請教他，從他身上學到如何將泰雅文化重現，並發揚光大，重拾泰雅族人的自信心。

這些部落裡的生活老師，也是促成標哥攜手族人在山林間為泰雅文化進行保存、復育的要因。早年他用自己擅長的方式整合在地資源，希望透過產業發展，保存與傳承文化，但漢人的觀點與作法碰撞原住民的人情與習性，完全行不通；此次重返，由他掌舵，遵循泰雅族的精神，與族人一同划動這艘文化傳承的大船。

文化傳承，對原住民族來說比漢人更加困難，緣於原民口耳相承，過去並無文字、圖像影音紀錄，當經濟強勢的漢人生活襲進部落，為了生存，年輕族人走下山、走進城市去求學、找工作，原有的部落生活與文化分崩離析，即使有一年一度、兩年一度的祖靈祭和矮靈祭，又能保存多少呢？

於是，標哥與族人反復推敲，攜手組成合作社，成立「獵人學校」，作為文化保存、復育、發展的基地。

在山林間復育泰雅文化

「我們不會比祖先聰明，把既有的東西發揚光大就很不得了了！」標哥帶著族人從傳統產業出發，從中發現文化、扎根文化，甚至把已經失去的找回來。他指著獵人學校裡的泰雅傳統式家屋，族人已遺忘烤火竹屋的形態樣貌，是看著一部紀錄片重建出來的，而這棟重建的竹屋其實比泰雅人原來僅為防禦外敵、保障安全目的所造的建築要「華麗」得多。

一來到五峰獵人學校，穿上泰雅傳統服飾、披肩，旅人立刻變身獵人，進行入山祈福儀式，告諸祖靈泰雅的朋友來到山林，請求護佑。為旅人規劃的獵人行程，有「半個太陽」、「一個太陽」、「兩個太陽一個月亮」，你知道這是什麼意思嗎？容我賣個關子，等你自己來尋解答！

台灣有多個「獵人學校」，大多源於數年前原民會的推廣計畫，而五峰獵人學校卻是民間自發成立，為了突顯狩獵文化的重要性，而取名「獵人學校」。「狩獵文化是原住民生計的基礎，」為了安全，經常二、三人一起上山打獵，亦即組成共食團體，這其中蘊含著豐富的山林知識，也正巧搭上現今正夯的野外求生熱潮。

在這裡，狩獵文化具體化為獵人說植物故事、射魚、抓蝦、魚簍捕魚、撒八卦網、傳統弓箭體驗、陷阱製作解說、獵人獵徑巡禮、夜探部落等行程，從中體驗泰雅人不捕獵懷孕及幼小的獵物，與大自然永續共存之道。肚子餓了，就地取材生火，也許是山豬肉、飛鼠或段木香菇、竹筍……，總之山林不會讓你挨餓。

「早期原住民族的智慧，足以清楚的掌握生態的平衡，」標哥說到這，轉而點出許多漢人對原住民的誤解：「不要怪原住民不儲蓄，大自然就是他們的寶庫。」跟著泰雅教練來一趟獵人之旅，才能深刻理解泰雅人如何與自然共處。

泰雅人原是共生的民族，獵人學校的成立也遵循祖訓，與族人共生、與自然共存。例如總教官羅希·瓦歷斯自己另有經營民宿，其他夥伴也有各自的營生，共同組成合作社，互相轉介資源與客人，一起發展在地產業。

從「獵人學校」到「雅麥故鄉」

泰雅族是「石生」民族，傳說太古時代，祖先來自大霸尖山的一塊大石頭，有一天大石頭忽然裂成兩半，蹦出了一男一女，兩人結為夫妻，繁衍子孫，此即泰雅族的起源。

今日和平部落裡的福地，有兩顆千噸重的砂石巨岩合璧形成一洞穴，恰恰宛如傳說中祖先蹦出的石縫，為緬懷祖先，並作為保存泰雅傳統文化及其精神的象徵，標哥與獵人學校的夥伴們討論，以泰雅語的石頭「雅麥（Yamay）」作為品牌，梳理泰雅傳統生活場域，更加深刻五峰泰雅的原鄉印象。

五峰獵人學校總教官羅希・瓦歷斯心目中的泰雅生活

有人問：「你們的獵人學校與別的獵人學校有什麼不同？」「什麼是泰雅生活？」標哥與族人也不斷自問。

標哥的岳母呂福妹是泰雅族耆老，精熟在地古調吟唱、傳統舞蹈及織布技藝，一身是寶，標嫂傳承了織布技藝；他道出下一個期望，將古調吟唱傳承下來。比對身為竹東客家人的廖賢德老師收藏眾多原住民的文物，標哥感慨，過去泰雅族人東西舊了就扔，現在反過來要去漢人家裡看自己的文物——其實客家人、閩南人……又何嘗不是？

從「獵人學校」到「雅麥故

標哥心目中的泰雅生活

鄉」，更進一步納入傳統家屋、穀倉、瞭望台、麥巴來部落文史、古調吟唱、傳統披肩、原住民舞蹈、傳統編織、竹編、小米酒製作、打小米麻糬、文面、採集野菜、撿拾木材與生火、三石柱煮食法、林業體驗、自製竹碗竹筷，用竹籃、芭蕉葉等呈現泰雅風味料理，涵括文化、美感、食農教育、生態環境教育等範疇，透過視、聽、嗅、味、觸，引領旅人五感體驗泰雅生活。

泰雅女婿將族人拉回部落

我們的傳統是我們的根，

土地是我們的生命，
永續是我們的希望，
多樣化是我們的財富，
文化是後代子孫生計的保證。

標哥指著懸掛在入口處的泰雅祖訓，也是他帶著家人進入山林經營這一切的核心精神。他與泰雅族人攜手復育文化、發展產業，最終的目的無非是為了把部落裡的年輕人找回來。

在歷史的糾葛與時代環境的巨變下，數百年來馳騁山林的剽悍勇士失去了自信，山上山下的路都迷亂了，傳統的部落技藝隨著耆老年齡愈來愈大，斷絕危機迫在眉睫，如果中、青年族人都出走，何來傳承？

在雅麥故鄉的獵人學校裡，擔任執行長的標哥規劃旅人體驗的每一個項目，都緊密綰合泰雅文化與生活，也為族人找到適才適性發揮的任務，協助族人找回自信心。如同那天為我們開啟學校大門的泰雅族小哥，不愛讀書、廚藝也不太行，兜兜轉轉做了幾項工作，終於讓標哥發現他山林生存的天賦。

「原住民多多少少都知道山裡的東西！」標哥說起一回夜探山林，山中漆黑一片，連人走的路徑都沒有，更不要說路標了，他完全迷失在夜山裡；而那位泰雅小哥在夜間的山林如履平地，時不時與二、三夥伴結團狩獵。

問起標哥有沒有打獵呢？他說有兩次「獲得」獵物，一次是跟隨上山的獵狗咬回來給他的，一次是從設置的陷阱夾捕到的獵物，標嫂立刻吐槽他不識物，把好端端還可重複使用的陷阱夾給扔了。

這些山上生活的經歷，讓這位泰雅女婿更懂得珍惜部落的傳統文化，他在忙著協助泰雅族人把年輕子弟找回來之際，自己在台北工作歷練的兒子主動提出回來幫忙，他樂呵呵笑著說：「做好事有好報！」可以期待，未來父子兵攜手引領雅麥部落，找回祖靈的道路。

多次走進童年想像中的傳奇群山，每一次的造訪都有不一樣的感受，這回的經歷特別不一樣，彷彿看見新的傳說正在形成！

五峰「俠客樓」的奇想

宛如傳奇誕生之地的「五峰」，得名於境內形如五指的五指山，是貫穿新竹地區的重要母河頭前溪的源流上坪溪，及其源頭霞喀羅溪的發源地——早些年，偶然聽聞人家口中的「俠客樓」古道，還幻想了竹林山間俠客們高來高去的場景，真是武俠小說看多了！後來才知「霞喀羅」Syakaro 是泰雅語的烏心石，因盛產此樹而得名。這條古道橫跨新竹縣的五峰、尖石二鄉，是昔日兩地泰雅族人往來的交通要道，日治時期，日人為了控制當地原住民而於沿途設置的碉堡、砲台等警備措施，如今成為富涵歷史意義的古道，深秋時分楓紅滿山，也是著名的賞楓步道。

離開獵人學校後，繼續往山上行進，一路山巔水湄，來到匯聚傳奇人物之地——清泉。還是忍不住懷想當年，三毛來到這裡，究竟是看見了什麼，停下了漂泊的腳步？也許是不語的山林撫慰了哭泣的靈魂。然而，一樣的世外桃源，對戎馬半生的風雲人物張學良少帥，卻是漫長一生中最難捱的十三年，當東北將軍遇見部落原住民，是怎生情形？

全台很難再有一個地方如五峰，昔有風雲人物張學良將軍在此度過幽禁歲月，吸引漂泊靈魂的三毛留駐，今有「雅麥故鄉」獵人學校傳承泰雅文化，發揚與山林共生共存的精神。啊，差點漏了見證這些今昔傳說的丁松青神父，本身也是一傳奇，他在清泉部落超過四十年，如今為協助部落建造青年文化中心，義賣畫作籌措資金。二〇一七年他終於擁有台灣的身分證了。山地原鄉的傳說還正在譜寫中。

看見張學良眼中的山水

其實，現在張學良和趙四小姐根本不在清泉，具體的說，他們真正的故居也早在一九六三年時被土石流沖毀，我們現在看到的是一小棟紀念館。

「那我們要看誰？看什麼啊？」

「看張學良在這裡的那段十三年人生啊。那段幽禁歲月之所在！」

「這……他的人生怎麼看？幽禁他的地方有什麼好看的？」

「他的那段人生，你站在那裡發呆一陣子……你就會看見了！」

這趟五峰鄉旅程，Kevin Liao 的父母一起同行，移民美國數十年的雙親，因他出差到台灣也一起返鄉，知道這次規劃的行程後也想到五峰鄉，成為 Airbnb 第二條路線的同行夥伴，並意外成為深度導遊，因為廖伯伯對張學良及中國歷史有深入的研究。

「Kevin，do you know who is Young Marshal?」

當我們行經桃山隧道時，廖伯伯的這句話剛好隨著幽微的光影引領我們走進歷史的

張學良眼前的山水

時光隧道裡，Young Marshal，少帥，我們來了。

桃山隧道總長四六九．一五八公尺，張學良當年住在這裡時，這個隧道僅為單線道，直到二〇一〇年完成擴寬工程為雙線道。大家都說因為五峰鄉山路蜿蜒，與外界交通不方便，是個易守難攻的深山場域，所以，蔣介石大費周章的把張學良幽禁在這裡。

而我們遠道而來，就是要體驗這場曾經大費周章的歷史，以及與其發生關係的一片山明水秀，這是旅行五峰鄉的意義，更是體驗五峰鄉的情懷。

過了桃山隧道，清泉部落盡收眼底。

天地並沒有如神話世界般遼闊，卻有人間迷你桃花源般的姿態。只是走馬看花、重視CP值的人，應該來過一次後就不會再來了，但是，瞭解這裡、感受這裡、想與之對話、在這裡訴說心事的人，清泉部落就是家，因為「家」是有人在等你的地方。

張學良十三年幽禁的歲月在這裡等著我們，他那段十三年歲月已淬鍊變成一位說故事的人，肉眼看不見他，但他就在這裡，以最寬容的心聽所有人對張學良的褒貶，用最溫厚的眼神看著我們對觀光CP值的無限索求，踩著最緩慢的腳步，陪我們走看山水之間是否藏著什麼蛛絲馬跡……，張學良在這裡等我們，有他，清泉部落才是世界旅人的家。

對我個人而言，每次到這裡，這塊木牌如同家的門牌，看著它就看到家，家在這片天地之間。我第一次來這裡時就被這塊木牌吸引，尤其當我逛完紀念館後走出來時，看見這塊木牌讀上簡單的幾個字，再抬頭從天空的角度環視四周，這才恍然大悟——原來真正要體會的是看天、看山、看水、看自己；此情此景，張少帥看了十三年，家的門牌寫著「張學良與趙一荻的清泉幽禁歲月」，所以從門牌的視野看望，才是家的天地。

紀念館牆面上的張學良

長達半個多世紀的囚禁生涯，對世界旅人來說，那不只是幾張文宣輸出，廖伯伯一句「Kevin，do you know who is Young Marshal?」讓 Kevin 靠坐紀念館窗邊，拿出手機搜尋網路世界裡的英文資訊，安靜的用他的方式理解張學良，理解我為何帶他來這裡。

他果然是個世界旅人，他看完手機上關於張學良的英文資訊後，跟我一樣望著這塊木牌後的山水天空與白雲，我們各自心中有話跟群山訴說；這裡，真是個訴說內心話的好地方。相信我，全台灣最能理解內心話語的，就是清泉部落的群山；站在這裡，只要安靜的發呆就非常享受。所以一開始就開門見山：「遠道而來，站在這裡發呆」是此行目的，一路緩慢行走到此，就站在這裡，讓風輕輕的吹過你的臉頰，讓陽光晒晒你的心事，讓山聽聽你心裡的話，站在張學良十三年的歲月裡，這裡是新竹體驗最無法言喻的一站，也是最浪漫的一站。

希望這一站已經放進 Kevin 那身為世界旅人的心裡了。陽光開始慢慢退去，此刻，就以電視影集《少帥》主題曲跟這一站暫說再見。

張學良與趙一荻的清泉幽禁歲月

不曾想過
未來的某個美麗日落
靜靜地你會想起我
你身邊正春風經歷花香的誘惑
歲月長河
東去的浪漫還是悲歌
誰指引柔情相伴烈火
我相信心中的陽光
永不會謝落
永恆的心在時空穿梭
生死抉擇已經無路可脫
但是 愛 不能躲
永恆的心已患難交錯
生死抉擇早已由不得我
我挺身
在此刻

張學良紀念館內

麗京山莊與迦南山莊

雖然張學良在五峰鄉幽禁期間無法與當地人交談，但他與趙四小姐仍然結識了此地的泰雅族朋友，在《張學良與趙一荻的清泉幽禁歲月 1946-1960》一書與新竹縣文化局製作的紀錄片《幽幽清泉夢》中可一窺究竟。而我們既然到了清泉鄉，若要結識真正能說上心裡話的泰雅族朋友，需要的是真誠。我透過 Mark 認識了麗依京・尤瑪（Lyiking Yuma），她是清泉部落旁的「民都有部落」（Mintuyu）裡「麗京山莊」的主人，說真的，她的山莊活脫脫是濃縮迷你版的桃花源！

心中滿滿的張學良情懷，此刻滿需要一杯美好的咖啡趨緩下來，所以我帶著 Kevin

一行人來到「麗京山莊」，從清泉部落到此，路程很短但曲折，除了我跟 Mark，其他人都有點忐忑不安不停地問：「到底要去哪裡啊？這裡怎會有喝咖啡的地方？沒有走錯路吧？」結果，一個大彎路之後，眼前百花盛放、櫻花飄落，大家瞬間安靜，深吸一口氣：「這裡好美喔……」

Kevin 的母親立刻愛上這裡，追問：「我們晚上住這裡嗎？」

「我們來這裡喝杯咖啡，認識 Lyiking。」世界旅人喜歡認識在地人，他們用心耕耘在地文化與生活，他們都是世界旅人的私房朋友。

「麗京山莊」彷若一位遺世獨立的絕代佳人，有自己的思想與堅持，嬌小溫和的主人 Lyiking 完全看不出是位原民權益社會運動及文史工作者，低調不多話的她，碰上活潑健談的康康（Airbnb 台灣工作人員），神情開朗起來，康康好奇端詳屋內每件帶著些微時間感的木雕與編織品，這些都是 Lyiking 對泰雅族人文資產的珍惜和經營，山莊裡裡外外都是她的心思與努力。這一路以來絕對很辛苦，她帶著淡淡的一抹微笑說：「文化傳承要傳承什麼？先讓年輕的泰雅族人坐下來編織開始……」她有她的見解，最重要的是她親力親為去實踐，這是最無敵的。說比做容易，多的是只說不做的人，而捲起衣袖親身實踐的文化工作者，永遠是我最尊敬的。

麗京山莊

五峰鄉有張學良的一段歲月，有華人作家三毛短暫停留的夢屋時光，有美國製造、台灣加工的「小丁神父」丁松青與他充滿藝術創作的天主堂，還有今晚夜宿的白蘭部落……，這些有限但卻有無限能量的人文資產，是上天有意或意外賜給這片天地的禮物，是吸引世界旅人願意長途跋涉的動力，看看 Kevin 一行人，旅途中放慢腳步，越問越多，越聊越久，甚至不想離開這裡，就知道其中奧妙了。

當我們熱絡聊天時，Kevin 悄悄捧著 Lyiking 沖煮的咖啡，選了一個極佳角落坐下，窗外不僅有藍天，還有眼眶裝不下的花團錦簇，世界旅人終於喝到新竹體驗中最浪漫美好的一杯咖啡了，同時他也想：「外國旅人要如何來到這裡？一個芝加哥人如何來到五峰鄉？跟我一樣可以坐在這裡喝這杯咖啡……」他的思考，是鼓舞我寫下 Airbnb 世界旅人探索三路線的動力，雖然輕鬆喝著咖啡，但似乎都有心事浮現。此刻天色漸暗，得準備前往更高處的白蘭部落，今晚的夜宿之地——「在新竹住下來」，是成就一個性感城市之必要。

離開麗京山莊後，車子開向更高的山林彎路上，薄霧開始繚繞。「我們剛在桃花源喝咖啡，現在要去仙境睡好覺。」我開玩笑說。在路上，我提起麗京山莊的美麗與哀愁，

Lyiking 歷經艾利風災重創後，與族人朋友們艱辛重建這座桃花源，我們何其有幸能夠在好天氣的桃花源裡喝上一杯咖啡，真是上天賜福！

而今晚 Kevin 一行人下榻的迦南山莊，也是上天賜福之所在。來自台東縣長濱鄉的民宿主人說，因神的指引，當初一路安抵新竹白蘭部落、得以安居就業，因此以聖經上美麗好地方「迦南」為山莊取名，希望自己與所有房客朋友都能好好珍惜這塊土地。

從麗京山莊到迦南山莊雖然只需短短的二十分鐘車程，但我們沿路卻因為不斷巧遇櫻花與雲霧交疊的美麗而減速，這是白蘭部落三月天獨特的美麗，這時隨行攝影師說：「我想要慢慢走上去」，我們很有默契的讓他一人慢慢走路，讓他享受這特有的美麗寧靜時光。

看他走下車的身影，我突然想起自己所愛的一部電影《白日夢冒險王》（The Secret Life of Walter Mitty）片中，西恩潘所飾演的攝影師，費盡千辛萬苦爬到喜馬拉雅山只為拍一張雪豹的照片，但是當雪豹出來時，西恩潘卻不按下快門拍照，男主角班史提勒焦急困惑地問西恩潘：「你到底什麼時候要拍？」西恩潘回答：「我有時候不會拍，看心情，重要的是……享受當下的這個時刻。」電影的那一刻，我眼前的這一刻，享受當下的一刻，這真是體驗的極致。

行車速度極緩慢的我們，終於來到迦南山莊的門口，攝影師不在旁，我拍下開門的這一刻，天黑前的迦南山莊，歲月靜好的一刻，世界旅人似乎明白了為什麼今晚住在這裡。

「迦南山莊有什麼是其他白蘭部落民宿沒有的呢？」

「迦南山莊有塊可以打滾一整天的大草坪，而且他們願意在 Airbnb 團隊協助下，成為國際房東俱樂部的一員；願意接受國際訂單，款待國際房客，提供國際服務。」我自問自答，不過真正原因是，該山莊老闆娘待人親切廣結善緣，她的好朋友強力推薦這家民宿，前陣子在場勘五峰鄉為 Airbnb 團隊選擇住宿時，還特地全程親陪我來了幾趟五峰鄉。所

迦南山莊窗外

以，天涯海角，好朋友最重要。

老闆娘為了這次國際房客住宿，竟然特地請了兩位朋友擔任翻譯，雖然行前我已告訴她我會協助，但她覺得我陪同一整天，肯定會累，她希望我能好好享用她親自烹調的晚餐，不用再工作了。這個態度就讓我有足夠的理由在白蘭部落裡選擇她了。她認為一切都要好好學習，只要有這個態度，新竹縣文化觀光產業發展就無往不利了。即使在整體環境上，新竹目前比不過花東、台北、台南……，但是，這「在地」與「國際」兼融的態度，面對無限強大的競爭力也會無所畏懼，越遇逆境就越強勁，老闆娘徹底貼熱了我的心。

黑夜降臨，一整天的現實與想像交錯轉換，今夜在白蘭部落，我們在五峰鄉，我們在新竹縣，我們也已在世界的舞台上。

張學良晚安！美好的世界晚安！

Chapter 3 三樓

1,800公尺的美麗天空

新竹縣最靠近上帝的地方，遙遠又美麗。
以步行體會人與旅行的關係，
從黑暗部落走到上帝的植物園，
遇見最美麗的綠光。

尖石鄉——上帝的植物園

到此，我們都以如此緩慢節奏進行著，也在珍惜世界獨家中安穩地睡在山上，天亮後，這片山林在心中會像一部打動你的電影，在心中永遠有個畫面，一個與眾不同的畫面。

接下來，則是超越世界版圖的信仰，也是各異其趣的生活風格，需要動用雙腳走很長的路，爬很高的山，看很遠的海，沿路花草繽紛，在美麗天空相伴下，從山到海，無法丈量，無與倫比。

沒有緊湊行程，簡單近乎純粹，一直走，一直走，我們一起走到上帝的植物園，我們一起走出新竹體驗的壓軸。

不能放棄新竹

如果問我，新竹縣哪條旅線可以讓人忘了時間的存在？——非上帝的植物園莫屬。

「上帝的植物園在哪？」

「在尖石鄉。」

「為什麼要忘了時間的存在？」

「因為那是心留下的時刻與地方。」

一個只要來過，心便不曾離開過的地方，這是世界旅人體驗的最極致。若能將最極致的體驗分享並呈現給 Airbnb 團隊，我想新竹在競爭中就有勝出的機會，成為 Airbnb 平台上的國際夥伴。

※

過去以來，新竹的「觀光意象」、「人文印象」滿稀薄，這個城市自從高科技代工業、服務業廠商進駐以來，就一直被標籤為科技城，台元科技園區、竹科、湖口工業區、工研院分別坐落於竹北市、寶山鄉、湖口鄉與竹東鎮，雖只占了十三鄉鎮的三分之一，但因其龐大國際接單產值和長期政策推宣，科技城印象強大無比，原已存在於此的人文資產的魅力與發展因此被掩蓋，而這些始終不被當作首要的人文資產，現在卻儼然成為產業最新發展的寶物，尤其當創新、創業意識抬頭的此刻，新一代的新竹人努力要從「美國是設計的頭腦、新竹是代工的雙手」中跳出，為自己的產業命運翻牌！因為我返鄉的工作重點是招商引資、行銷新竹，身在其中，接觸越多、感觸越深，我渴望著有一天我們在世界舞台上是創新者、先驅者、趨勢領先者，永遠不再是追隨者。

所以當我有機會與 Airbnb 討論合作時，立刻熱血沸騰，雖然東台灣的行政單位、花東已與他們進行合作了，我也相信中央觀光傳播局要介紹旅遊城市與國際資源對接時，絕不會將新竹放進名單中，而且新竹的民宿不到一百家，總括所有條件與狀態，Airbnb 作為一家美國新經濟代表的民宿分享新創公司，新竹縣不會是台灣各縣市中的首選城市，但因為我們積極擁抱國際新經濟，以熱誠的態度了解並與他們深度溝通，即使新竹沒有強勁與絕對的優勢，但是，我們不放過機會。

短短四個月內，討論會議旅程往返在新竹與台北之間，並快速規劃三條體驗路線作為新竹一個實體的招商簡報，三條路線也是未來「新竹體驗」計畫的暖身，這個暖身的真實作用是府內府外、公部門與民間單位、長官與鄉親的溝通，這個暖身的實際意義，是從基層了解新竹應該為這個國際計畫做什麼樣的準備，擁抱新經濟喊口號沒有用，親自做了才有進度，腳踏下去才知道水深水淺。

三條體驗路線在 Airbnb 台灣公共政策總監 Gina 協助下，特地將公司主管請來台灣參與，Gina 跟我都是對台灣擁有熱情的人，總覺得時間不夠、資源也不足以讓我們能將台灣行銷到世界舞台。在這過程中，我常說她身兼觀光傳播者、外交人員、國際事務官多重身分，她的台灣同事們也是，一個比一個還熱血行銷台灣，雖然我有相當多的人事物阻力，但有這樣的合作夥伴與我同行，我哪能放棄自己的家鄉新竹呢？

短短三個月內，三次邀請到 Airbnb 舊金山總部主管跨海來台灣，讓我用特殊的實體簡報，也就是親臨三條路線介紹新竹，當然，我的目的是以國際平台的龐大資源合作行銷新竹，進而讓以分享為主軸的新經濟能影響新竹產業的現況，我個人更希望「設計思考」能在新竹開枝散葉。這是一個傻夢；到了第三條路線，也是「新竹體驗」計畫前的最後一條路線，我便將這個傻夢帶到最靠近上帝的地方，希望美夢成真。

啟程：相對於「豐富」，選擇簡單與留白

司馬庫斯神木群是新竹縣最靠近上帝的地方，遙遠又美麗，這裡雖然最靠近上帝，但是卻又很真實，而「真實性」是 Airbnb 體驗價值中很重要的東西，對旅人來說最具真實性的體驗，莫過於用雙腳走路，一直走、不斷的走，從走路中體會人與旅行的關係，從走路中體驗新竹縣的韻味。走路，簡單又真實，這是 Airbnb 第三條路線。

這段路始於尖石鄉後山海拔一千五百公尺的一個泰雅族部，這裡是全台灣最深山、也是最後有電力的部落社區，在之前叫做「黑暗部落」，我覺得這個舊名蘊藏著力量，因為我特喜歡「黑暗之光」四個字，黑暗的另一面就是光——返鄉這一路走來，心中就是這四個字帶著我往前走。沒想到，黑暗之光果然又帶著我住到黑暗部落，再從黑暗部落走到上帝的植物園，遇見最美麗的綠光。

舊金山總部的 Kevin Biehl 來體驗這第三條路線，如同參與之前兩條路線的 Chris Lehane 與 Kevin Liao，在我還沒見到本人之前，Airbnb 台灣團隊會提供他們的個人基本資料給我，對像我這樣的城市行銷工作者來說，我關注他們去過世界的哪些地方，而不是他們之前在哪裡念書、做過什麼工作。我對這第二位 Kevin 印象最深的資訊是 Gina 提

司馬庫斯神木群

及：「他第一次來台灣就是去花東，之後，他說花東是東方的夏威夷」，Kevin 對場域定位很有自己的想法，花東旅遊資源何其豐富，相對於「豐富」，新竹縣的第三條路線，我決定選擇簡單與留白，這是我對世界旅人的策展觀點。

除了隨行攝影 Sally，這次還多了錄影大哥 Lucky 同行，Lucky 去過司馬庫斯神木區五十次以上，大家直覺他會是此行的護身符。大隊人馬下午一點多在高鐵接了 Kevin 和 Alec 後就直奔尖石鄉，我帶了兩位從未去過神木群、也是新竹人的同事，我很意外很多新竹人從未到過

司馬庫斯神木群

司馬庫斯與神木林，這是上天無償賜予珍貴資產，不僅原住民族，也是客家鄉親都要一起珍惜的資產。

或許大家會質疑，尖石鄉的鎮西堡也有神木群，還有幾家合法民宿可體驗，我怎麼可以獨厚司馬庫斯呢？況且司馬庫斯是個全台僅有的獨特社會群聚，沒錯，就是因為這個部落採以色列集體農場的共生共管經營模式，是資本主義下的社會共享體制，所以讓正在共享經濟浪頭上的 Airbnb 團隊住宿司馬庫斯，體驗另一種真實又獨特的共享模式，此共享非彼共享，更需要大家彼此認識與理解。

從竹北高鐵站到司馬庫斯需要約三小時，雖然比去台北、台中還遠，但在三小時內可從城市到深山，一點都不遠。請兩位熟門熟路的原住民朋友擔任司機，即使天氣好，但山路蜿蜒，安全第一是此行最高標準。從高鐵出發的一般行車路線，是走台68線、經橫山內灣再到尖石鄉，一小時內就可到尖石鄉前山的嘉樂村，鄉公所就在這裡。在這告訴世界旅人一個祕密且重要的訊息，有機會要結識鄉公所的朋友們，要進後山旅遊，鄉公所可以幫上很大的忙，他們是前山的服務處及後山的前哨站，跟他們打聲招呼，藉機詢問入山後的資訊，這在尖石鄉很重要；一方面尊重在地，另一方面試著融入在地，就像進到朋友家一樣，總要跟朋友的家人說聲：「嗨，你好，我是……」而對方的回應就是我們了解他們的開始，我們與尖石鄉之間的友誼關係就此展開。

無牆美術館遇見彩虹

尖石鄉是新竹縣第一大鄉，幅員廣大擁有豐富的山景風貌。我的規劃是，若有人想半途停下就隨機隨性停下，想做什麼就做什麼，只要集體式晚餐開動時能夠到達司馬庫斯就行了。我跟 Kevin 認識後，馬上就發現兩人都很愛看電影，而三星期前剛好是奧斯卡頒獎典禮，所以我忙著介紹新竹，也忙著聊今年的電影，他很吃驚今年入圍電影我全看過了。

「天啊，你工作這麼忙，哪來的時間看電影？而且你還說有些電影在新竹戲院沒有上映？」「我想盡辦法看到電影，有時候下班沒行程，就坐高鐵去台北看，再搭最後一班高鐵回竹北，或在台北過夜，隔天一早再趕回竹北上班。」「你過著雙城生活！說真的，台北到新竹實在很近。」「但台北到尖石像出國的感覺，所以無論如何到此一遊，一定要住至少一個晚上，而且要住在海拔一五〇〇公尺上面。」

當我們從鄉公所所在的嘉樂村前往錦屏村那羅部落時，我打開手機秀一張照片給

Kevin看，法國塗鴉藝術家Julien Malland Seth在這裡創作了一件作品，「這裡有美術館？」

「對，這裡的美術館超大，沒有圍牆，也沒有天花板。」「那我們停車去看看！」車停在路邊一個籃球場邊，四周山林寧靜秀美，感覺我們好像已經置身於美術館了。緩緩沿著上坡路走進錦屏國小，星期六學校不上課，沒有門禁，不少人在這裡閒逛。穿過教室往上走到廣場，這件動人的藝術作品出現眼前，「哇！好美！」

Kevin驚嘆著，他環顧四周後問我：「這裡就是你說的美術館？」「是啊！這裡是新竹縣的無牆美術館！」「這個美術館……太酷了。」是的，這個美術館很酷！自我第一次為了親睹Julien Malland Seth在台灣的第一件作品而走到這裡時，發現這裡簡直就是一間渾然天成的美術館，焦點作品「彩虹橋」融合了操場、籃球場、司令台、牆面植栽、小步道，以及飽滿多層次的綠色山林，這裡不就是新竹縣最美、最自然的無牆美術館？

彩虹是大自然中可遇不可求的美麗自然現象，彩虹橋是原住民文化中含有深意的神話與信仰，台灣人親切叫他「柒先生」的Julien Malland Seth，國際藝術媒體形容他是「環球畫家」，他停留於此地，以普世價值的美學觀點，觀察和理解此地的傳統文化，畫下兩個蹲在綠意盎然竹林裡的泰雅族小孩，用迷你的彩虹橋連接著彼此的手，寓意著他們是傳統文化的守護者。作品映照在尖石明媚的午後陽光、山林中，「Beautiful……」

法國塗鴉藝術家 Julien Malland Seth 的彩虹橋作品

Kevin 再次輕聲說，他喜歡這個無牆美術館，一切盡在不言中。

在寧靜美麗的彩虹橋正前方，一群小孩正在打籃球，他們是住在那羅部落的小孩，Kevin 用肢體語言詢問是否可以一起打球？小朋友即刻熱情的遞球給他，這個無牆美術館，自然又自在。

Kevin 跟小朋友打球玩到不亦樂乎，完全忘了時間，攝影組員笑著問：「難道我們今晚要在此露營嗎？妳快跟阿湯哥說我們路程還沒真正開始呢！不能就在這裡停下了。」Lucky 說的沒錯，Kevin 戴著墨鏡有點像年輕的湯姆克魯斯，不過 Lucky 是要警告我，我們真的還沒正式開始山路旅程！於是我勉為其難地告訴 Kevin：「兄弟，前面還有一大段路程要走，你先下場吧！」小朋友們哇哇叫的目送我們離場，顯然他們很不捨得我強行帶走阿湯哥。

而我們的夥伴離場腳步也十分緩慢，大家雙眼留戀地望著這片天地，我心中真是感謝法國藝術家柒先生、錦屏國小以及美術館所在的那羅部落，二〇一五年柒先生因為「為愛上色（Color, Way of Love）」計畫來到此地，創作了他在台灣的第一件作品，當時柒先生說他希望藉由此畫鼓舞並期許孩子是文化永遠的守護者，並將祖靈傳說和文化典故傳遞給每一位觀者，尤其是來自世界的觀者。

真的感謝他讓我可以藉由這件美麗作品進行文化外交，讓我有話題跟 Kevin 聊這位法國藝術家如何詮釋泰雅族傳統文化、彩虹橋之於部落的意義、那羅部落的生活場域，甚至錦屏國小面對外來遊客絡繹不絕到此的感受……種種話題，此行一路上聊不完！

臨走前，Kevin 指著牆上作品的竹子悠悠地說：「我看見東方意象了，我喜歡竹子。」這裡已經是新竹縣讓世界旅人驚豔駐足的美學天地了。

陡上陡下

山路開始陡上陡下，我們開始進入山裡了。

夥伴們知道山路即將遙遠漫長，紛紛開始閉目養神，就只有我和 Kevin 清醒著，他一直不停地好奇看著窗外的青山綠林，「我知道台灣是世界第三十八大島嶼，是個多山多丘陵的島嶼，但我沒想到台灣的山這麼漂亮，有種獨特的氣質……」我將 Kevin 對山的讚美告訴司機瓦浪，因為他可是天天都在看山的人，瓦浪歪著頭低聲說：「外國人都這麼浪漫嗎？妳問他會不會暈車？」「Kevin，瓦浪關心你坐車是否舒服？他很感謝你這麼喜歡他們家的山，他說你真是與眾不同，如此了解大自然的奧祕。」Kevin 開懷大笑說：

「莉翔，妳跟瓦浪說，他的開車技術超好！是國際的好，所以我根本不會暈車。」我們三人就這樣在快樂輕鬆的交談中一路往前行。

在車上我以地圖跟 Kevin 介紹秀巒村沿路的景點，但沒有像一般觀光客停下來參觀拍照，「行前妳說我們今天是從高鐵站到司馬庫斯，隔天爬山去神木區，然後下山慢慢回到竹北，但我沒想到沿路怎麼有如此多的景點？真是意外的豐富。」或許我的規劃之於觀光客而言實在是過於簡單，留白太多，不過，留白是留給懂旅行意義的世界旅人，Kevin 雖然聽我提到沿路各個景點，但並未要求下車看看，「我坐在瓦朗開的車上，這樣一路看山就很棒了！」他說。

感覺窗外開始有霧氣的時候，我們到了位於海拔一四五〇公尺高的「宇老」，這裡是尖石鄉前、後山地區的分界，遊客在這裡的觀景台可盡覽前後山的景致，這裡也是自行車中繼休息站。不過對我個人而言，這裡最重要的景點是宇老派出所，我要介紹 Keivn 認識我們的警察同仁，然後大家一起享用臭豆腐，泡壺熱茶喝；因為氣溫降低了，我們要補充熱量，同時問候在高山上的警察們。

Kevin 和 Alec 對我規劃在警察局下午茶感到很驚喜，「大家都說台灣人很友善，很有人情味，連嚴肅的警察局都這麼溫暖熱情，太感人了！」大夥陸上陸下一路折騰到此，加上 Keivn 剛在山下跟小朋友打了一輪籃球，每個人都胃口大開，一盤盤知名的宇老臭豆腐、炒麵和貢丸湯通通吃光，山路雖遠，但人情味沒有距離。

「這裡也有藝術作品！」Keivn 看到警察局裡的牆面畫著一個正在射箭的獵人、菱形圖騰、騎自行車的騎士和一個建物古堡；是的，我的無牆美術館還沒逛完呢。欣賞完牆面畫作故事後，走到戶外觀景台，「Kevin，山的交響曲在此。」我跟他說群山交錯疊起，我覺得我看到了、也聽到了一首交響曲，他睜大著眼望著前方：「Amazing！」，此刻，Lucky 正在用空拍機記錄著我們的一舉一動。

「請問你們是 Discovery 嗎？」旁邊一個可愛女生問我，「不是啦，我們只是來這裡旅行的而已。」

Alec 有點得意的回她，「妳們要一起拍進來嗎？」「好啊！」此行只要我們停下攝影與錄影，都會被旁邊的年輕人問：「你們是 Discovery 嗎？」哎呀！Discovery 也太成功了！旅遊品牌如此深植人心，實在值得我們用心學習。品牌魔力可以上天下海，只是品牌之路艱辛漫長，比山高比海深，雖然真的很難，但此刻我們一行人已踏上創造「新竹體驗」的品牌之路了——這渺小的第一步，不管未來成功與否，我內心堅強相信，這是件對的事，我們用真心真情努力執行的事，如果萬一錯了，也錯得起！有所為、有所不為，彩虹橋上見真章。

從宇老看天空群山，看見的是一直移動中、變化中的當代藝術作品，所謂當代就是此刻活著的藝術家與其創作的作品，我們眼前的不就是嗎？不穩定的天氣給了雲霧頑皮活潑的生命力，形塑了一件白、藍、灰、綠、立體的、無邊無際的當代作品，從平面到空間、到人間，這件作品我為它取名「How old is the universe？」

世界旅人是自由的鳥，可以上天下地，我們再往前走，來到跨越泰崗溪的司馬庫斯大橋，Lucky 比我們早出發到此，將空拍機器遙控到遠遠的高空，錄下我們停車、驚嘆、張望……所有時刻，沒有其他人車經過，我們走進一件雄偉又動人的山水畫裡，大橋在畫作的中間，我們在大橋上，畫作兩側是壯麗山壁與潺潺溪水，你瞧，神奇的，我們一行人就在藝術作品裡了。

攝影、錄影結束後，大夥各自選自己最愛的角落放風發呆去了，世界旅人不太需要旅遊教科書，身體裡只要有體驗的細胞存在，在任何一個有層次的體驗世界中，總會怡然自得。

我們在大橋上來來回回、晃來晃去好一陣子，直到兩位年輕男孩騎著摩托車在寧靜山谷中呼嘯而過，我和Kevin立刻轉身望著那揚長而去的身影，之後他慢慢地踱到我身旁說：「剛才好像電影『革命前夕的摩托車之旅（The Motorcycle Diaries）』的一幕……」「是……真的。」在這裡想起這部電影、這本書，還真有一種奇妙的臨場感，讓我們既在美術館，也在電影院中。

Lucky這時說他要叫回空拍機了，我們對著天空招手呼喊，好像叫小孩

我們在大橋上，也在藝術作品裡。

趕快回家吃飯了。其實是天色漸暗，司馬庫斯的晚餐正呼喊著我們快點上來。

美麗與安靜

「復行數十步，豁然開朗。土地平曠，屋舍儼然，有良田美池，桑竹之屬。阡陌交通，雞犬相聞。其中往來種作，男女衣着，悉如外人。黃髮垂髫，並怡然自樂。」

從大橋出發，經過了一連串髮夾彎般的迂迴山路，終於趕在黑夜即將降臨時抵達司馬庫斯部落，知名的「上帝的部落」。我想四百二十一年前陶淵明寫桃花源記傳奇時，可能到過像司馬庫斯這樣的地方。

如果尖石鄉的山林是一座美術館，那麼，這裡應該是收藏脆弱珍貴書畫的幽微暗室，為了要保護珍品，燈光極弱，空間也不大，僅能有限人次進入觀賞，這是黑夜降臨的司馬庫斯。關於這裡已有太多人撰寫，Kevin 手上早有一份英文資料，於是，關於司馬庫斯的描述，我想徹底留白，留給世界旅人自己創造想像空間的機會。

我們是遲到的客人，當我們入座時，隔壁桌用餐已即將結束，此時四周近乎全黑，山安靜下來了，但旁邊的旅客似乎和山不同調，今晚客人不知為何特別興奮，讓我們一時之間似乎置身路邊快炒店，「上帝不會覺得我們太吵了嗎？」我心中相當困惑，美人若聒噪就不是美人了，更不會是性感美人，山這麼安靜，我們不是應該入境隨俗，隨著山一起安安靜靜地用餐，山或許會喃喃低語地與我們對話。

我們是最後離開用餐區的客人，走到戶外已聽到小教堂傳來的歌聲，我們沒進去參加，只在星空下晃一會兒，大夥決定各自回房好好休息，明天要早起，睡飽、精神好最重要。

黑夜中，我仍可以看到窗外櫻花的粉紅嬌態，加上青蛙、小鳥以及我聽不出來的小動物聲音，黑夜中的司馬庫斯有它獨特迷人的聲音，但需要我們安靜聆聽，這裡才會有真正仙境的意境，不是嗎？

晚安！窗外靜美的櫻花。

窗外靜美的櫻花

司馬庫斯

步行拜訪神木群

五公里的步行

清晨下著雨的司馬庫斯，比昨夜安靜許多，讓我們有些驚喜，由於雨勢不大，我們吃完早餐後，決定前往此行最重要的一站：神木群。

全程五公里來回大約需要四小時多，加上隨行攝影與錄影，這天早上我們在這趟來回的五公里上，度過五小時多的時光。在一九七九年之前，這個台灣最深山的部落完全沒有電、沒有物資，部落小孩每天要走上五小時到對面新光部落上學，居民則去買東西補充物資，每天走五小時路是當地人生活的基本，我們步行一上午，就是學習當地人的生活，單純又有生活感的五公里走路體驗。

將第三條路線規劃如此是有賭注的，因為此行是最耗體力、不看太多景點、不吃特殊料理，僅僅單純的從竹北高鐵來到司馬庫斯，再走上十公里路，下山回到竹北高鐵。而且 Airbnb 台灣團隊提供關於 Kevin 的簡介資料中，沒有提到他是否喜歡爬山，所以一場賭注，賭在最靠近上帝的地方。

好在上帝眷顧我們並疼愛新竹，因為沒想到 Kevin 超愛爬山，更愛竹林。走了一段後，兩側高聳的竹林讓他欣喜若狂，原來這是他人生第一次看見竹林。竹子是他心中的東方意象，此刻他竟置身在壯麗神祕的東方意象中，「我知道你想跟我說，這裡是臥虎藏龍現場！」不等他開口我就先說，「是啊，我覺得每個喜歡武俠片的世界旅人都要到來這裡！」Kevin 雙眼閃著光亮說。

這趟五公里的路程，每隔〇．五公里就會看到公里數標示牌，像獵人提醒著我們，竹林幽徑出現了幾次。Kevin 目不轉睛，似乎用全身細胞全力吸收此情此景，細柔的光線與竹林共舞的瞬間，可遇不可求的大自然藝術作品，絕美的東方意象就在眼前，我們在步行中遇見上帝的畫作，原來，美術館一直與我們同行。

在步道上上下下走了好一陣，幸運的我們又遇見粉紅浪漫！雖然 Kevin 住過日本，對櫻花絲毫不陌生，但他說從未想過會在高山上遇見櫻花，而且如夢幻般的櫻花隧道旁，伴有群山與雲海。此刻雨剛停，陽光輕輕灑落櫻花隧道，太像夢境了。

一路上有不少熱情的陌生朋友跟 Kevin 打招呼，當然我也被問了幾次：「你們是 Discovery 嗎？我會不會入鏡呢？」「不是啦，我們只是記錄這趟體驗。」我一直刻意壓低聲音，因為有幾位陌生朋友過於熱情而提高嗓門，我不能隨之高亢，應該要留給這片山林原本的寧靜和清幽！肆意喧嘩對大自然來說是一種聲音暴力，當我們幸運踏進大自然的藝術殿堂時，真的別忘了以優雅的觀者姿態與之對話，如果這裡是座美術館，文明有禮的我們不會看著作品高談闊論，不是嗎？

成就新竹的性感與浪漫，就在我們踏在落葉泥水步道上的緩緩腳步，就在我們帶著微笑與擦身而過的陌生朋友輕輕說聲：「你好！早安」，就在我們即刻拾起步道上偶而看見的垃圾，當我們每個人都能親身實踐成為優雅的在地者，我們就是準備好向世界旅人展現新竹的性感與浪漫了。

上帝的作品：新竹無牆美術館的鎮館之寶

五公里路後，接近神木區，氣氛不一樣了，「難道這裡是阿凡達的拍片現場嗎？」Kevin 故作神祕的問，沒錯！這裡是新竹的阿凡達場域，上帝將所有令人驚嘆的元素都凝聚於此，我們彎腰觸摸腳下流水，冰涼滑順，彎下腰遇見各處角落、各種植物的姿態，有的悠揚盎然，有的高聳入雲，現場滿溢著無限的綠色浪漫，令人心馳神往，我們到了上帝的植物園，這裡是上帝的傑作，新竹縣最美的無牆美術館的鎮館之寶。

時間在此隱而不見，空間在此綠光燦爛，人間在此將心留下。

「上帝的部落……我懂了。」Kevin 抬頭，望著天空的那幅畫，巨木、陽光和天空的交織相會，上帝畫在天空的作品。此時此刻，我覺得我們是富有的新竹人，擁有美麗獨特的資產，我們可以謙沖自牧珍惜這座美麗的藝術殿堂，我們更可以壯志豪情的邀請世界旅人入殿共享，你、我、他都可以是富有的新竹人。

我找了一塊石頭坐下休息，旁邊一位年輕男孩問我：「請問，我可以跟你的外國朋友合照嗎？」平易近人的 Kevin 馬上答應，我問男孩：「你為什麼想跟他拍照？」「因為我覺得會有外國人來這裡很特別，所以他是個很特別的外國友人！走這麼久的路來這裡，很不容易，這裡不是一般國際觀光客會來的地方，但是我要跟我朋友說我今天碰到一個外國人了！當然要合照作證明啦！」男孩有點靦腆開心地說著，接著一位老先生好奇的問我：「你的外國朋友是到台灣度假的喔？他是哪國人啊？」「他從美國來，他現在是在度假，哈，也是在工作。」我回他們，「他是做什麼的？小姐妳呢？」男孩追問，

「他在 Airbnb 工作，我的工作是行銷新竹縣，」我終於說出 Kevin 的工作身分，男孩興奮的說：「我知道 Airbnb！我是 Heavy User 耶！哇，你們好認真喔！」話一說完，他就跑去跟 Kevin 握手問候，再拍一張照，他鄉遇知音，凱文先生這時滿面春風。

四周的年輕人聽到 Kevin 身分後，紛紛要跟他合照，他在當偶像的時候，我趁機在旁休息，剛剛那位老先生問：「小姐，請問你們剛剛說的那個 Air...b？是什麼啊？」我正要跟他說明時，身邊的一個小女孩說：「阿公，我跟你說啦，就是寒假我跟同學出國玩的時候……」我笑著看著他們，誰說世代隔閡？只要人與人願意聊天溝通，上一代沒遇上的新潮流，下一代會分享，我心中期盼著有更多知音，能夠理解我從土地到雲端的招商觀點。

美術館再美，我們仍然要有離場的時候。下山經過竹林依然讓 Kevin 激動不已，我跟他說新竹兩字的字面英文意思是 New Bamboo，他逗趣的說：「竹！我愛你！」「Kevin，你要說：新竹！我愛你啦。」是的，新竹，我們都好愛你！

下山，去「若山茶書院」喝杯茶

為了遵守司馬庫斯道路每日特定時段單線交通管制，我們趕在下午兩點前離開司馬庫斯下山，一出尖石鄉就遇上塞車，這天是星期日，內灣商圈人多車多，好幾個路段完全是停滯狀態。三小時後終於到了竹北，我帶著大家到「若山茶書院」喝杯茶，舒緩大家一路塞車之苦，「這裡有畫廊！」Alec 驚喜的跟 Kevin 說，「外面院子也好漂亮！」Kevin 指著窗外，小水塘上綠意盎然，彷彿今天上午綠光浪漫的回眸凝望，知道我們在此喝完茶後，要送 Kevin 坐高鐵到台北，我們將要說聲再見了。這趟旅程是 Airbnb 新竹體驗探索之旅中，公里數最長的一段，下山來到「若山」，餘波盪漾中。

橫山鄉的後花園

新竹無牆美術館的三樓，也就是頂樓，這裡沒有天花板，因為美麗天空就是「新竹家」的天花板，天空下是上帝的植物園和家人的後花園，天空之上有義民爺與城隍爺，天空之際為兩教拱衛和海邊守衛，這裡是人間和宇宙奇妙相伴一起的頂樓。

內灣火車站

這裡開著新竹縣最有故事感的一列列火車，起點與終點，很幸福的座落在一處美麗的綠斜坡旁，這裡，是我們這個一四二八平方公里大的家中的後花園，這裡，滿溢著新與舊的生命力。

很多人來過內灣，很多人寫內灣，也有很多人拍內灣，所以，寫內灣總有些遲疑，這裡已是新竹縣高知名度的旅遊景點，但是，十三鄉鎮，一個都不能少，新竹縣這個家不能沒有內灣，不能沒有這道火車線，因為，「性感與浪漫」最後一條觀展動線落款在此。

親愛的讀者，請你給自己一個悠閒的一天，坐火車來此，或開車來此，但請務必坐一段火車，新竹縣這個家丘陵多，坐在火車裡，靠在車窗旁，微風吹著你，陽光吻著你，性感的你，再請抬頭望向斜坡上的花，風起，光來，花開，這裡是家人的後花園，新竹浪漫的時光，在此。

於好客好品希望工場望見的美麗火車

好客好品希望工場，品牌主人：吳界

地址：新竹縣橫山鄉，故意不告訴你地址，內灣火車站上方花花草草之處

開放時間：10:00~17:00、電話：03 - 584 9569

門票 $50 元 / 人；可全額折抵園內消費｜一張券折抵一項消費

（幼稚園 (含) 以下幼兒、65 歲以上長者及身心障礙者與 1 位陪同可免費入園）

新埔鎮／跟義民爺爺説Hi！有保庇

今年玩了一場歷史新竹的桌遊，雲湧風起的過往從紙上捲向兩百多年前的殺戮保衛年代，收納客家籍為主、實為閩客各族埋骨之所的新埔義民廟，祭祀圈從最初的四大聯庄擴大至今日的十五聯庄，其黑令旗香火逐漸插旗全台各地，如今已成為台灣客家族群的獨特信仰，也是每年農曆七月間全台的宗教盛事。套用潮說法，簡直就像武林大會！而每年由一庄輪值擔任一次總爐主，猶如武林盟主，負責主持整個盛大的祭典，不過這個盟主的誕生不是比武勝出，而是義民爺指定的哦！想知道怎麼指定的？等你親自來問義民爺！

今日的義民祭也演變成「藝」民季，持續兩百多年的武林大會更形擴大舉辦各種藝文周邊活動，例如音樂會、路跑、神豬彩繪等。總之，這場盛會持續演變，年年有不同，可以體驗到最濃厚的客家文化與精神。

如果你沒趕上武林大會的祭典，沒關係，其中迎至竹東市街上惠昌宮的香火，至今每天午後仍可觀看到奉飯勞軍、念祭文的儀式，也可以列入朝聖行程之一。

其實除了義民祭之外，每年春節期間，我與家中長輩、子侄也習慣走訪義民廟參拜，喝碗黑糖稀飯求保庇。近年義民爺是義勇、保全身家性命，還是被收編的爭議，隱隱牽動著台灣人的自我定位與認同，因此我走訪義民廟時，每每戴上耳機聆聽由臺灣當代客語創作歌手謝宇威以雄渾歌喉演唱的〈千秋義民〉，覆蓋這些紛擾，更有走入武林盛會的感覺——話說無論義民祭還是春節，都是人山人海的熱鬧場面吶。

到了新埔鎮，就非得去義民廟拜見義民爺爺，有看有保庇，讓你的人生職場武力回血加分！

新竹市／城隍爺守護的城市：曾經比肩府城的百年竹塹盡在一條街

朋友來新竹找我，唯二會帶去走走的地方，一是北埔，二是新竹市區的北門街一帶。北門街位在市區，對於搭火車或大眾交通工具的朋友來說，是個更為方便的遊逛地。

今日的北門街、城北街，尚有新復珍、鴻安堂藥店、杏春中藥房、

枋寮褒忠義民廟

地址：新竹縣新埔鎮義民路三段 360 號

門票：自由參觀

開放時間：7:00-21:00

北門

杏春德記藥房、聯勝碾米店、金珍源銀樓等百年老店，新竹市百年老店三成五都聚在這條街上，還有幾棟逃過祝融倖存的傳統街屋，但更多的是現代的餐飲店、連鎖店進駐，其中也不乏晚間才營業的商家，一派繁榮景象。

每每帶朋友來此，總會事先「警告」空著肚子來，但如果就只是吃吃喝喝，說真的，未必勝出其他老街，既沒有大蒜烤香腸，也沒有鹹豬肉與臭豆腐，它的獨特在於古今交織的景象。究竟這條街是什麼來歷呢？

年紀老大的都城隍廟很「文青」

遊逛北門街前，必先走一遭都城隍廟，進廟裡拜碼頭。

這座據稱是全台位階最高的都城隍廟，已年近二百七十歲高齡，但「行為」很年輕！自二〇一五年起，將每年的鬼月迎城隍祭典做了全新的包裝，換上很文青的面貌，規劃「福門大開，神鬼啟航」、「揪團夯枷，消災解厄」、「查夜暗訪，祈福平安」、「城隍威巡，遶境賑孤」等活動，並推出兩款紀念紙膠帶，一款是印有「晉封威靈公新竹都城隍　定吉時遶境平安」字樣的黃色平安符，一款是橘紅色底的城隍爺及七爺、八爺Q版神像，不但造成民眾瘋狂兌換收藏的熱潮，也透過《平安遊手記》集滿城隍廟與長和宮、關帝廟、內天后宮、天公壇等在地五大宮廟印記的方式，讓在地年輕人與旅人認識地方的傳統廟宇和文化。

城隍廟似乎是玩上了癮，第二年繼續策畫文青系列活動，集印兌換威靈公大顯神威潮T、神像臉譜樣式的口罩，以及紋身貼紙、祈福平安卡，再度造成一股熱潮。這場依循傳統古禮結合中元普渡演變而來的城隍祭盛事，今年又會推出什麼新花樣呢？也許可以列入每年必追的行程，跟著都城隍爺繞境的腳步去夜遊！

赫赫神威

還有，新竹人一定會警告你，都城隍爺不能隨便亂拜！跟得上時代潮流的都城隍還是很具神威的，很多心不誠、意不正的人來到城隍爺面前做秀似的立誓發大言，後來都出了亂子；還有地方警官逮不住做惡的兇手，去城隍爺面前誠心一拜，兇手就落網了……類似的傳說不斷上演。但反過來說，若有冤屈，就去城隍爺面前告告狀、訴訴苦吧！

走進廟前，有時候會跟朋友玩個小測試，先抬頭看一看步口左右附壁柱上的兩句話：「善由此地心無愧，惡過我門膽自寒。」內觀一下心虛不虛，再走進去瞻仰都城隍爺的威儀……其實沒那麼嚴肅啦，就去跟眾神們說說話，參拜一下城隍爺、夫人和公子一家吧！

望見懸掛的燈，忽忽憶起幾成斷代的幼年印象，那時元宵燈會很傳統，也更有年節氣氛，在人擠人看花燈看得眼花撩亂的同時，頗感受到七爺、八爺、眾神兵神將們的靈威森森……差點嚇哭了！城隍廟的燈節舉辦花燈比賽，只要是有興趣的民眾都可以參加，連續三年奪冠可獲得光緒帝賜的廟寶——「金門保障」複刻版匾額一只。我們都城隍廟可是與民同樂、很接地氣的！

城隍廟謝將軍。心不誠、意不正，別進城隍廟，赫赫靈威的謝將軍正在瞪著你！
沒做惡事的人看著眾神，其實還挺有喜感的，是不是呢？

「文青」的城隍廟歷史年歲擺在那，諸如泉州溪底派大木匠師王益順擔任一九二四年大改建的首席匠師，三川殿八角藻井和平闇天花都出自他的手筆；知名石雕名匠辛阿救為其造降龍柱；三川殿步口左右牆面上的「正直」、「聰明」四字是臺灣唯一的末代皇帝溥儀御筆，說來又是另一番故事……若是喜愛傳統建築的朋友，單單逛這座廟宇大概就要走不出去了。

城隍爺撐腰的商圈

都城隍廟的接地氣，也呈現在被小吃攤團團圍住的景象，所以在這裡你看不見巍峨的廟宇建築，兩百多年來，廟前的商家靠著都城隍爺明裡暗裡的護佑「撐腰」，生意非常興旺。

古早的年歲，一地的繁榮可從廟宇建築看出來，通常愈是壯麗的廟宇建築，愈是反映當地的榮華興旺，而廟埕前往往發展成市集，遊逛一周，常可發現傳承幾代的好手藝、百年的老味道。新竹城隍廟商圈就是這樣一個地方，務必用雙腿逐步去發現。

一般介紹新竹美食，幾乎都從城隍廟周邊小吃攤說起，新竹名產米粉、貢丸湯和肉圓等都可以吃得到，但若真要推薦哪一家，大家其實各有各的看法，而我通常帶著朋友走出城隍廟，有時先買個傳承五代的百年郭家潤餅墊墊肚子——如果有耐心排隊的話，這家潤餅包入水分含量高的高麗菜與豆芽菜，裡頭還撒了在地人最愛的福源花生，口味偏甜，必須買了現食。

❖新復珍．竹塹餅

郭家潤餅還沒吃完，就可以走到門牌號碼歸屬北門街的新復珍商行，其實它的所在仍屬廟前商圈。新復珍這個百年糕餅世家可說是城隍廟攤商發展的一個典型，與百年的郭家潤餅

城隍廟商圈。常常忘了都城隍廟的門樓依舊在，幾乎都從商家間的小門鑽進去。

一樣是清代晚期在廟前叫賣的攤販，糕餅世家原來主賣肉粽，兼賣發糕、豬油糕等糕餅，第一代創業的吳張換女士巧動心思，將那個年代一般人不易吃得起的豬肉做成餡料包入餅中，幾經改良，從眾多糕餅商販中脫穎而出，成就傳承百年的在地名產「竹塹餅」。

這種新竹肉餅，俗稱豬油餅或糕皮餅，各家有各家的配方，在新復珍第四代吳紘一接掌後，發現過去這類竹塹城販售的肉餅曾經一度稱作「竹塹餅」，於是積極打響竹塹餅之名，遂而成為此餅的代表。

大學時的好友每來新竹，不管是到市區，還是去北埔，總是帶著母親的懿旨——帶回竹塹餅，跟我一樣路痴的她總是搞不清，北埔到新竹市是有多遠的距離！

新復珍商行除了竹塹餅，還有形似昔日髮梳的柴梳餅（與新竹柴梳山的唯一交集是外形）、美祿柑、綠豆椪、麻糬、米粩……等幾乎想得到的糕餅都有，肉粽到今天也仍在販售，水蒸蛋糕除了淵明餅舖，這裡也買得到，此外新復珍的包子是隱藏版的美味，只有老熟客才知，預訂才能嘗到，連盛名在外的名包子都不吃的我也給收服了。

現在的新復珍大樓除了銷售糕餅伴手禮，也是地方上很受歡迎的二輪戲院，其實百餘年來這個家族事業一直是多角化經營，日治時期還曾做過大家童年都吃過的牛奶糖的森永代理商哩！事業最興旺的年代，元宵燈會時每與另一大對手錦珍香餅店互尬煙火、比拚藝陣，好不熱鬧……說得好像我曾經歷過似的，其實也是從老一輩人口中聽說來的。

❖ 淵明餅舖

淵明餅舖以水蒸蛋糕出名，有紅豆、芋頭和肉燥（滷肉）三種口味，以及常溫、蒸熟與冰凍三種吃法，清爽綿密各有不同的口感，低糖、無油加上「水蒸」，讓人有吃健康的感覺，常買來送給長輩或家有孩子的朋友，秤重計價的方式跟一般蛋糕或糕餅店都很不一樣。常有人拿淵明餅舖與新復珍商行的水蒸蛋糕來PK，其實兩家各有一票擁護者。

❖ 阿忠冰店

我懷念以前在中央路騎樓下的阿忠冰店，獨家的鳳梨糖水有新鮮鳳梨的酸甜香，即使炎炎夏日在沒有冷氣的老房屋簷下也不覺熱，嘗一口招牌鳳梨冰，更是透涼爽快，一掃暑氣！

吃著冰，可邊欣賞著那條路上紅磚、拱形門的老房子，許多傳統手藝、老東西都還「活」在那條路與鄰街上，吃完了，順便逛逛南北貨店、看看蔬果種苗。

阿忠冰店搬到城隍廟旁五層樓高的新店面後，有冷氣，也有更多的新冰品，即使座位增加更多，也常處於滿座狀態，更開了多家分店，生意很好，但老房子騎樓下的古早味與驅走暑熱的涼夏感已經沒有了。遷至新店初期，招牌鳳梨冰的味道一度改變，也許是城隍爺有保佑，不久後味道改了回來。

雖然先經過了幾家伴手禮店，但最好回頭再買，遊街就是要兩手空空，逐步走入歷史的北門街。

官道並商路　清代最大街

今昔的北門街範圍不同，就以今日的北門街路段來聊起，也方便實境踏遊。

一般提到北門街，或稱「老街」，或稱「大街」，個人以為老街處處有，不足顯出這條街傲人的歷史；別看今日道路狹窄、人車逼仄，在清代它可是竹塹城通往艋舺的官道，也是通往舊港的貿易商路，城內的貨物就從此道一路直送頭前溪口，輸往福建，此處也是全台距離泉州最近的港口，大陸地區的貨品也循著此線運往竹塹，當時兩岸貿易非常頻繁——史載第一個進入竹塹的漢人即是泉州人王世傑，城內富紳也多是泉州人，也許與泉州人習於做生意有關，這是題外話。

但看今日街上的開台進士鄭用錫的鄭進士第、鄭氏家廟那一長排的房子，可以約略想像清代時候的繁華，稱之為「大街」方能稱其實。至今，鄭氏家廟每年仍行春、冬二祭，且常由地方首長主祭。從北門街鄭家輻射出去，稱霸全台及東南亞最大關公像的古奇峰普天宮和育樂園、明志書院、城隍廟，以及廟旁中山路上的竹塹北管藝術團等，都與鄭家有關。

對了，很「文青」的都城隍廟裡那一塊著名的「理贊陰陽」匾，也是鄭用錫捐贈的唷！

竹塹城兩大家族與兩大名園

提到鄭家，就不能不提林占梅家族。鄭家與林家是竹塹城的兩大富紳家族，彼此有姻親關係，詳細的人情八卦就不多說了，對現代旅人更重要的是，當時鄭家營建了「北郭園」（今水田街，橫跨北大路、中正路），林家興造了「潛園」（跨越今日西大路、中山路一帶），「北郭煙雨」與「潛園探梅」並列當時竹塹八景，各種台灣四大名園、五大名園排行榜至少都有其中一園入榜，連板橋林家要造園林時，都前來參訪呢！而今二園在哪裡呢？

清代治理北台灣的淡水廳治的辦公大樓就在竹塹（今西安街四十六號一帶），高中時聞知新竹輝煌的過去，拿著潘國正老師的《新竹文化地圖》一書，拉上一個同學尋古去，兜轉了一整天古蹟遺址幾乎不見，天生路痴的我深信是自己迷路的問題，不死心地找來找去團團轉，最後同學比對書中資料指出腳下站的就是其中一景——早已化為大馬路！新竹許多珍貴的古蹟，隨著政治權力、經濟發展而灰飛煙滅了！

想當年，潛園、北郭園初建，文人騷客常往二園賞景吟詩，到了日治時期詩風不消反熾，各地詩社風起雲湧，竹社在鄭家人的帶領下，與櫟社、南社並稱三大詩社之一的「瀛社」組成聯吟會，至今傳統詩社依然在城內吟唱不歇。

猶記學生時期想取筆名，正巧在校內圖書館發現輯錄竹塹詩人的一套書，無論取「竹」也好、「風」也好，都與眾多詩人撞名，可見大家是有多愛這兩個字，也同時可見新竹的一大特色——風從百年前就很大，外地的颱風風力在新竹是家常便飯，想要體驗新竹風，農曆九月之後的九降風更能深刻！

話再拉回園林，北白川宮能久親王還曾入宿潛園爽吟閣呢！後來傳出林家人支持抗日勢力，日人為轉移政治權力重心、削弱地方勢力，另闢中正路為新官道，同時破開潛園劃為西大路與中山路，園林慘遭毀損，而懸掛林占梅親書「潛園」二字牌匾的大門，於二〇一二年再遭地主拆除。如今想見潛園遺物必須走到中正路上的新竹市議會，園林大門前的一對石獅子，日治時代被迫遷至武德殿，又變身新竹神社鳥居前的狛犬，國民

潛園石獅，經歷了改朝換代、走過大時代的一對石獅，是百年前名園「潛園」的遺物，如今在新竹市議會站崗。

政府渡台後又搬遷到中山堂（今新竹生活美學館），一九六三年再遷新竹市議會門口坐鎮至今，這可是「親身經歷」了改朝換代、走過大時代的一對石獅呢！

建有孫芝斯室、橫青山室、挹香亭、小壺天、濺江小徑、屧中踏和、渡青橋、聽春樓、八角樓、偏遠堂、稼雲別墅等諸景的北郭園，又是如何湮滅的呢？也是日治時期轉移權力重心的道路改正計畫，拆毀了園內大部分建物，其後臨路區域又改建成店鋪，二戰時部分毀於美軍轟炸，時至一九九〇年此園被完全拆除，成為四大名園或五大名園中最早消失殆盡的園林。今日只能在鄭用錫的詩作《北郭園詩鈔》中，想像當年盛景了。

哦，等等，竹塹城兩大名園的風采，還可在知名的新竹畫家李澤藩一系列的畫作中見著。

文藝復興的新竹

許佩玟撰述

登上全台最難玩縣市排行榜第二名的新竹，常被指為文化沙漠，前幾年許多藝文活動都「繞境」——繞過新竹，每回聽到這說法，總要拿出文風很盛、媲美府城的曾經來辯駁，但總顯得氣弱心虛；二〇一七年的今日，可以說有文藝復興的苗頭，有文青情懷的旅人不會錯過「江山藝改所」、「李宅咖啡」，以及北門街上由清大畢業生與尚在就讀的學生所創辦的「見域亭仔角」，文藝的火苗正在重新點燃中。

❖江山藝改所

所謂「江山易改，本性難移」，這間降落在江山街狹窄防火巷裡的「江山藝改所」，秉著推廣當代藝術的本心，用藝文改造新竹，將原來的私娼寮改造為當代藝術、前衛音樂、獨立電影、藝術電影、紀錄片、社會議題及相關講座的實驗性藝文空間，榮獲二〇一五年第三屆「老屋欣力」獎。

這裡提供的飲品與老闆支持的藝術、音樂一樣有理想、有個性，堅持使用友善環境原料、嚴選在地食材，推出公平貿易咖啡可可、有機茶飲、臺灣精釀啤酒，鹹甜點則出沒在吧檯的黑板上，以友善環境的在地食材手工製作，是下午茶的好夥伴。店內提供wifi、插座，不限時，讓創作者可以從容創作。

❖ 李宅咖啡

市區巷弄裡的老宅咖啡店，被文青列為一定要去的咖啡店口袋名單的理由，在於供應咖啡、鬆餅、早午餐之外，也打造了一個歡迎素人表演者一展身手的舞台，不時舉辦藝文音樂相關活動，也是適合三五好友飲酒聚會的好地方。

❖ 見域亭仔角

「貢丸湯」除了城隍廟小吃攤有供應，見域亭仔角也有！由清大學生聯手創立的見域亭仔角，是一處匯聚文藝青年的場域，在這個老房子裡，不時舉辦藝文活動、講座、展覽、工作坊與電影觀賞，老事物傳承與新觀念推展在此發生，是世代交會的空間，有時也舉辦文青聚會或派對；他們以有趣的方式記錄新竹生活與記憶，發行了一本在地刊物，就以新竹特產《貢丸湯》為名。

北門街逛累了，可以進去坐坐，喝杯咖啡、茶或啤酒歇歇腳，店內備有三明治，以及在地最生鮮的活動訊息，離開時，帶本《貢丸湯》陪你深入遊訪新竹。

❖ 國達民俗偶戲文物館

這間文物館算文藝嗎？不過，不少文青愛「霹靂」吧！

在北門街漫遊，一定不會錯漏這間偶戲文物館，打門前過時，滿櫥窗的戲偶、偶頭盯著你瞧！愛布袋戲的人可以來這裡挖寶，無論是民俗戲偶，還是紅遍華人圈、邁向世界的霹靂布袋戲偶，館裡通通有。

館主是愛布袋戲成癡的曾文燈，四十歲左右自電腦業退休後，就開設了這間偶戲文物館，從電視、布袋戲棚下自行揣摩劇中戲偶的聲音、身段等，可說是無師自通，非常厲害。文物館的成立，於他不但是圓夢，也是為了將這項民俗技藝傳承下去，不時可見年輕人來向他請益學偶戲，他邊含飴弄孫邊顧店，連小孫兒耍起戲偶也有模有樣。跟館主多聊幾句，興致一來，就可以欣賞他的即興表演囉！

城與門　擁有全台最美的名字

新竹建城，從清代雍正年間的莿竹、土城到鄭用錫倡議興建的石磚城至今，逐漸邁向三百年，造城以城隍廟為中心，並築東、西、南、北四城門，每個城門都有很美的名字，依序是「迎曦門」（今東門圓環）、「挹爽門」（今中山路與集賢路口）、「歌薰門」（今西大路與南城街口）、「拱宸門」（今北門街與北大路口），從城門名可以遙想新竹的輝煌時期，一個歌舞昇平、充滿希望與朝氣的地方，這是我非常驕傲勝過台北、台南的地方，文字迷無可救藥！

清代建築了竹塹的城池與城門，也鋪設通往四城門的東門街、西門街、南門街與北門街，然而，日治時期為都市街道改正，拓寬道路，拆除西門與南門，如今只餘兩層樓高的東門「迎曦門」跨越時空，屹立在城內，融合傳統與科技，打造成二千年榮獲台灣建築獎首獎及第二屆遠東建築獎首獎的「新竹之心」，結合清代的護城河，成為今日民眾表演或欣賞藝文的空間與親水綠帶公園，可說是集歷史、文化與生活感的地標。即使今日仍然繁榮，翻看竹塹城的曾經，還是不免有些失落的。

說完三座城門的下落，北門拱宸門又發生了什麼事呢？這得回到北門街。

東門城，結合傳統與科技的新竹東門「迎曦門」，是清代所築四城門唯一留存下來的，至今依然守護著新竹城。

多災多難繁華街　落寞到再起

北門大街可說是一條多災多難的街道，正當繁華最盛的時候，來了一場大火，從臨近城隍廟的北鼓樓燒起，延及附近商家，許多清代建築消逝在火中；重建後的北門街在十五年後再遇第二場大火，從另一端鄰近長和宮的商家一路延燒，不但許多新建的街屋建築付之一炬，前次逃過祝融之手的拱辰門也沒能逃過這一回火害。而起火的商家也就此沒落，老闆流落台北，多年後才返回家鄉。

清代與日治時期這兩把大火，硬生生將北門大街及其影響勢力從鼎盛拉了下來，二千年前後的北門街，據當地商家形容晚間六點店家都打烊，八、九點以後形如鬼域、悄無人聲。今日的北門街逐步迎回繁榮景象。

想要知道拱辰門長什麼模樣，就步行到北門街與北大路口——這是北門所在位置，今日的北門街一半屬於當年的城外之地——大廈騎樓地面上有一塊大銅版，上刻北城門的昔日樣貌。

食在北門　美味散步

許佩玟撰述

我一直認為，沒有吃在當地，就不能說認識一個地方，所以一定會帶朋友邊遊邊吃，而且對於想認識在地的朋友，絕對不帶進大餐廳、連鎖店，通常從小食嘗起。

❖貢丸

貢丸是新竹的名產，作為新竹人的日常飲食，沒有對比恐怕難以體會產自新竹的貢丸有多好吃，異鄉工作，在超市買過幾次非新竹的貢丸，大大敗壞了胃口，只好認命地從新竹拎回貢丸，這也是很多新竹人的同感，出了新竹不吃貢丸。

很多朋友來訪都指名要帶貢丸，新竹的貢丸業者很多，進益摃丸是其中一家，自二〇〇二年底進駐北門街成立文化會館，推動貢丸產業與地方文化，在這條街上舉辦過數屆的貢丸節——可見得北門大街在當地人，尤其是經歷過時代嬗變的老新竹人心中的重量與象徵。

外地人較熟悉的品牌大概是進益和海瑞，在地人則各有偏好，距離北門街不遠處的新大同飲食店是很多在地人愛吃的老店，最特別處在於它的貢丸不是一顆、二顆的點用，而是切片秤重、沾醬吃，顆顆都是手工捶打的巨無霸，特稱為摃丸筋，可惜如今只能在記憶中回味了。

除了貢丸，魚丸也是不錯吃的，很多人愛吃石家魚丸。有一回帶朋友直奔南寮，他怨念沒有吃到貢丸，只好在漁產直銷中心那棟樓裡隨意找家有賣丸的店，什麼丸都來一份，竟然也是出乎意料的美味。

❖鴨肉麵

往前走兩步是生意旺到不行、老少咸宜、在地人與外地人都愛吃的「鴨肉許」。鴨肉許的招牌鴨肉挑選重達五斤、新鮮現宰的鴨肉，洗淨蒸熟後再以二十六種香料的獨家配方浸泡入味，最後用白糖燻至冒煙，每次僅能燻烤三隻，才能成就外皮酥脆、肉汁噴香、不柴不澀的口感。

推薦必嘗的是鴨肉湯麵與鴨肉炊粉，炊粉是一種含水量較高的濕米粉，想嘗名產新竹米粉的人可以試試；無論湯麵還是炊粉，都是以處理大骨和鴨肉「蒸」的過程中流下來的原汁，熬煮成稠如濃乳般的湯頭，湯麵或湯炊粉裡還附兩塊鴨肉，偶爾會聽到有人碎碎唸鴨肉沒什麼肉，根本是放錯重點了，湯頭才是這一碗的王道！有位常做美食書的前輩便曾驚嘆：「這味道絕不輸給日本拉麵，但價格卻這樣便宜！新竹人好幸福！」

她還問：「新竹為什麼這麼多鴨肉麵店？」新竹人這麼愛吃鴨肉麵嗎？

單單「鴨肉許」就有三家，位在北門街前段的北門分店，招牌改為「許二姊」，是後來加掛以示區別；原來的創始老店在街尾與民富街口，經營了約四十年的老店面又熱又擠，餐桌椅都排到門外延綿好幾間鄰舍，邊吃麵還可邊欣賞眼前「回春醫院」的巴洛克風建築呢！由於容納不下不斷湧進的人潮，終於在二〇〇九年左右搬遷到中正路，走到北門街尾就可以看到它的新店所在了。在總店吃鴨肉麵，還可以看到「日理萬鴨」的匾額。

還有一家「鴨肉許」在西大路上的大遠百貨旁，這三家系出同源，都是創始人的三個女兒所經營，西大店已交給長女的媳婦經營，但仔細嘗嘗，三家的味道還是略有不同的。

除了「鴨肉許」，位在中央路上的「原夜市鴨肉」也是很受在地人喜愛的小吃店，原本在三角公園（建國公園）夜市擺攤，並沒有名稱，搬遷後就直稱「原夜市」，與「鴨肉許」一樣務實營生，店面沒有多餘裝潢。而且妙的是這兩間不但鴨肉湯麵好吃，炒鴨血也一樣靠手感，有時候可能酸一點，有時候可能甜一點，但就是讓人吃得欲罷不能。

❖葉大粒粉圓

吃完正食，來碗甜湯剛剛好。「葉大粒粉圓」主賣粉圓，是從一甲子前賣到今日的跨世紀甜品，從攤販落地北門街老店鋪。

直徑將近七公厘的透明大粉圓，是用地瓜粉和水持續二小時不間斷的手工搖製而成；煮粉圓又是另一門技巧，要煮到粒粒分明、晶瑩透明無白心，又還保有Q勁。粉圓加了一點點的香蕉油，慢慢嚼來有股特殊的香味，夏天吃粉圓冰解熱氣，冬天來碗熱粉圓，或者中秋過後來一道閩南式甜品——油蔥酥加熱芋泥，都是台灣的古早味。今年老店也終於推出新口味了，鮮奶粉圓、黑糖鮮奶粉圓是最新的季節限定商品。

葉大粒粉圓常被我故意念成「越大粒粉圓」，彷彿大力水手吃菠菜越吃越有力，有些莫名的喜感，沒勁或心情低落時，就來這裡吃吃甜、補補氣。

❖天人國甜湯

這條街的古早味特別多，在「葉大粒粉圓」的騎樓吃粉圓，探探頭還可以看到斜對角的一家甜湯店，它的招牌上寫的只有「早點四果湯」，並無特別取名，早年這家店原來經營藥房，聽說現在的老闆原來是在三角公園夜市頂了賣湯圓的攤位，後來才搬來岳

天人國甜湯。被我私稱為「天人國甜湯」的甜湯，可以嘗到臺灣的古早味，
冬天來一碗熱呼呼的甜湯很暖心。

父的中藥房分了店面的一角營生。後來藥房不經營了，也沒有將橫向的老招牌「天人國藥房」拆掉，反而成了它的特色——我總是戲稱「天人國甜湯」，吃了會上天堂，老招牌可以看出歷經的歲月風雨，上頭還保留著六碼的老電話，不知有沒有人試著撥打？能不能打通「天人國」那個年代呢？

「天人國甜湯」的甜湯與配料種類不多，四果湯與紅豆甜湯是主力，它的古早味，是日日早晨費三、四小時慢火熬煮來自屏東的紅豆，以及綠豆、西米露等維持下來的，老闆娘自製的西米露跟別家都不一樣，一定要嘗嘗。點四果湯或四果冰，可以自己選配料，如果口味沒忌諱，建議放開來讓老闆為你配。常可見左鄰右舍拖著摩托車來買甜湯，有第二個甜點胃的人也別放過。

老闆與老闆娘輪流看店，不忙時可以和老闆聊聊老北門，他會一邊同你說跟年輕人沒話講，一邊又聊北門街聊得很起勁！若你想聽老闆說老北門，點吃四果湯、湯圓都好，就是別點冰了，免得一聊一聽兩兩忘我，冰都融光光！

❖北門炸粿

北門街的中段，在北門拱宸門外、兩百多年的「外媽祖廟」長和宮旁的城北街，有間低矮不起眼的老店鋪，每到午後總是一排人龍，別看它門面老舊，這裡的炸物美味可是賣了近百年囉！

城北街是通往舊港必經的商路，日治時期輕便車從店門前過，車站就在附近，當時這一帶住著許多醫生、商人，北門炸粿創始的那一代，曾做過台車員，後來才向唐山師傅學做油炸食物，從一開始便在長和宮附近擺攤，當年相對於日常飲食，價格偏高，是地方富紳、醫生有錢人家的高檔點心，但看看門上的價格，十元、十五元……超過二十年未漲，隨著舊時王謝堂前燕的飛散，早已成為常民的午後日常享受了。

緊依著外媽祖蔭佑的北門炸粿，掌握炸物美味的關鍵——製漿與火候，傳承了百年的老味道，仍然很受在地人歡迎，招牌炸肉粿之外，還有芋頭片、地瓜片、蚵仔嗲、米糕、蒜頭……炸蒜頭是什麼滋味？自己來嘗嘗就知道囉！

像我這樣的中等偏小胃量又想裝豪氣的，來北門炸粿就可以喊這句台詞：「老闆，全部給我來一份！」

❖黑貓包

黑貓包聞名已久，是許多遊客來新竹必吃美食之一，使用老麵製作的外皮，包裹著黑豬肉料理的內餡，一口咬下，鮮美多汁滋味溢滿口，假日常可見排隊購買的人潮。黑貓包原來是清朝宮廷御廚來台後，傳授給一新竹人福州包製作的技藝，該戶人家有位漂亮女兒被稱為「黑貓姑娘」而得名。

據說當一般包子單價賣一、二元的年代，黑貓包一顆就賣十五元，曾經是有錢人家才吃得起的點心。今日的黑貓包已經易手，口味上也隨時代變遷而略做調整，北門街上老一輩的人說，與當年有錢人的點心味道不同了。但也或許是與時俱進的口味，才能一直這麼「招人」，連路過的外國旅人都迷上了它濃郁的滋味呢！

❖ 安之居

以前每回去探望鄭進士第，總會經過一間古色古香的地方，門匾上書「安之居」，一直很好奇究竟做何營生？一回朋友來訪，便一同走進去「探險」。

最外頭猶似門樓，走到老建築的門口只有兩步左右的空間，隔出了一方寧靜的前庭，恰恰轉換心境，隨著領路人步過有些昏暗的櫃台，才發現裡頭竟是一間間的獨立空間，像是包廂，直到翻開菜單才確定，這是一間茶館，只有茶與茶點。

半隱蔽的空間，雖然無法完全阻絕隔壁傳來的聲音，但也不易聽清內容，適合聊些私密事，或者就只是來喝喝茶、聊聊天，放鬆躺一躺也行。

後來便不時帶朋友過來，走累了，歇歇腳，或者有話要談，或者消磨時間，都好。安之居就在鄭進士第不到七十公尺外的距離，有時一個不留神就恍惚回到富紳雲集的清代……如今，安之居也像清代的鼎盛繁華一樣，風流雲散。

兩教拱衛：三元宮與天主教堂

湖口老街短短三百公尺，一向不是我專程遊訪的首選，由早期紅磚街屋建築、巴洛克雕飾與拱型廊所組成，在台灣並不獨特，許多早年物資集散地都有這麼一條老街。每次來到這條老街都是為了看夜景前，先覓食填飽肚子，芋泥、豆腐、客家菜……還沒吃夠這條街就走完了。

每次來去匆匆，都沒發現湖口老街引人之處，直到一回莉翔提到：「這條街好奇妙哦！兩端分別是宮廟與天主教堂。」一直覺得藝術工作者之所以能創作打動人心的作品，在於那雙獨特的眼，能在尋常處看見不尋常。

是啊！多奇妙！兩宗教距離三百公尺，相安而立，好像左右護法拱衛著湖口老街。

「右護法」三元宮主祀的三官大帝，早在清代即落腳此地，卻遲至日治時期才正式建廟，短短街道做生意的沒多少家，造廟又晚，推想當地可能不像北埔老街、大溪老街那麼資金充裕，偏偏興建時又出了烏龍，造歪了廟，不符地理風水，十幾年後又改建，廟齡不算老。

年紀更輕的是「左護法」——晚了大約半世紀建成的義式天主教堂，是一位來自義大利的神父，在老街的另一頭所興造，兩教的神當年是否打過招呼呢？兩教教民們和睦相處至今已近三十年。

三元宮的興造過程雖然烏龍，作為宗教信仰與場域卻是不變的；而天主教堂所在地，卻是從清代的舊湖口車站、教堂到今天的地方文物館，不斷在改變。一東一西，變與不變，天帝與天主，形成不獨特老街的獨特湖口味。

新豐鄉海邊的守衛：紅毛港紅樹林

新豐與我居住的鄉鎮，恰恰一個在新竹的西北，一個在東南，於我是非常陌生的地方，但有一處卻是非常異樣的存在——紅毛港紅樹林。要說「滄海桑田」，它最能作為新竹的代

地址：新竹縣湖口鄉湖口老街

門票：自由參觀

開放時間：老街是開放的，但大部分店家營業時間為 11:00-18:00，周間只有部分店家營業，其中小吃店打烊時間稍晚些

新竹縣湖口老街－大窩口促進會｜新竹縣湖口鄉湖口老街 108 號／電話：03-5695963

紅毛港紅樹林景觀

表。

紅毛港，早先傳說荷蘭人來此貿易，也有說是西班牙人的船舶遇颱風在此擱淺，其後渡海來台的新竹先民們也多從此港灣進入，可以說是天然港口，後來泥沙淤積愈來愈嚴重，泥濘的沼澤孕育出愈來愈大片的紅樹林。

這片紅樹林還不簡單，是北台灣唯一水筆仔和海茄苳兩種植物混生而成的生態保護區，走上長長的木棧道，能以伸手可及的極近距離觀看這特殊的樹種，濕地上不時飛來覓食的水鳥，還有橫著走的螃蟹和魚。觀景台上可以小覽紅樹林相，與西下的夕陽映照出百年聞名的北淡水廳八景或新竹八景「鳳崎晚霞」。

但是在我來看，紅毛港紅樹林景觀雖美，它仿如為新竹「站衛兵」的行徑更有趣！它在新竹的出海口，擋住了風浪的侵襲，也過濾掉海水或河水中的有毒重金屬物質，減緩甚至改善附近土壤的鹽化，有助於附近農作生產，守護著新竹人的平安與健康。

下回看到「站衛兵」的水筆仔們和海茄苳們，可要好好感謝他們！

地址：新竹縣新豐鄉新豐村池府路 156 號

門票：免費

開放時間：全天開放

尾聲／下樓時，關西在等你

許佩玟撰述

少時對關西的印象，不外乎六福村、高爾夫球場，遊樂休閒的地方，「架空」於關西這片土地之上，有點拔地而起、遺世獨立的意味，說是關西其實「關係」不大；直到數年前，為長壽鄉走進關西，才算得在腦海中真正烙下了關西印象。

那時，沿著尚未火熱的臺三線緩緩行進，雖然一路上都是農村景致，但愈近關西，愈有一股別樣感受——路的兩旁，或林木為屏，或水田農作，車疏人稀，喧囂早已拋卻腦後，寧靜之中蟲鳴鳥叫捎風入耳，空氣中清芬新鮮的味道躦鼻入肺。

清晨的鎮上，居民三兩結伴，或散步或健走去市場買個菜，再步行而歸；即使行車，也如漫遊般，邊行邊聊邊買菜。往前幾步，「上南片」阡陌縱橫，如畫美景映入眼簾，抬首可見赤柯、馬武督、東獅頭……等群山。「天氣好時，可以看到六層山色。」關西鎮上少見的返鄉青年羅傑站在今日的牛欄河畔旁，不無驕傲地介紹關西的自然美景。

而那一年的關西印象，是恬靜宜人、歲月靜好，是長壽鄉，也是老人之鄉，連房產

關西小鎮一景

廣告都打出退休後的樂活安居地，在安穩的現世下，路邊有貓、有狗閒懶地趴著，有老人閒坐、閒走著，但路上幾乎不見年輕人，也不見什麼外地人，只有來去匆匆「經過」關西的自用汽車。

這種情況到二〇一五年有了轉變，牛欄河畔出現了一整棟房子的年輕人——留學英國學習建築的羅傑，看過許多城鄉風貌，回過頭來看自己家鄉，覺得很有特色卻沒有被重視，決定趁年輕有嘗試的「資本」時返回阿婆的故鄉，進行地域建築及鄉土設計，透過設計與跨域合作的方式，從事桃竹苗的環境、建築、文創等與地方相關的工作，發掘在地的文化、歷史、記憶，讓更多的人可以認識這塊土地。

他更成立設計工作室與文化創意公司，在牛欄河畔租下一整棟的房子，認同他理念的夥伴從都市奔來一起打拚。目前這棟房子裡有十多個年輕人。

辦公空間樓上的宿舍陽台，擁有關西鎮上絕佳的視野，低頭是關西母親河牛欄河，抬頭是層層山巒，下班後，在這裡吹吹風、看夜景，想必是很愜意的事，然而羅傑說，夜晚的關西一片漆黑。

返鄉未滿二年的羅傑，因為理念、因為工作，深入地方，日前才為當地的百年洗衫坑設計了涼亭，在他眼中的關西，是什麼模樣？

在牛欄河河畔散步、散心、慢跑、活動是居民的日常，抬頭可見山，低頭可見水，心情很開闊。

賣不掉的房產，化為關西魅力

很多人不知道，今日的關西是全台老屋密度最高的鄉鎮！這裡許多的老屋得以保留下來，可以說是因禍得福。一方面關西在現代化發展的脈絡下，與市區、竹北、科學園區都有距離，有些邊緣化；更重要的原因是，客家人尊祖敬宗，不輕易動祖先遺留的東西，所以留著老家、老房子。

老房子的產權握在許多人手中，經歷一代又一代傳下來，產權分散到更多人手中，變成動彈不得的窘境，卻也因此間接保存下許多老東西。羅傑發現：「外國旅人來了，不去新竹市，而是來關西玩，更重要的是想看看這些不一樣的東西。」長途的國光客運台北竹東線駛進了鎮上，約一至一．五小時的車程即可抵達，關西雖然只是其中一個停靠站，卻帶來一些慢遊、想看與城市不一樣風景的旅人。出現在關西路上的人物景象開始不一樣了。

近年來關西石店子老街掀起了老屋活化利用，吸引創意人前來，石店子 69 有機書店、石店子治茶 49、萍手作屋、七沁工作室、簡單生活、Dream Theater 52……紛紛誕生，

關西石店子老街，掀起了老屋活化利用，吸引創意人前來，經營創意的店，形成一條藝術文創街區，假日小型藝文活動輪番上陣。

形成一條藝術文創街區，文創人向當地人招手，關西人也在觀望著這條街。由打鐵的老街轉變而來的藝文街，為長壽鄉注入不一樣的活水，假日小型藝文活動輪番上陣，也招來外地的粉絲與旅人。

❖ 石店子 69 有機書店

書店主人盧文鈞是掀起石店子老街大翻身的推手，因為工作緣故來到關西，發現在地的獨特風味，決定打造「十年文創小鎮計畫」，以書店出發，吸引理念相同的青年來此，結合老街空間與藝術創作，形塑了嶄新的「石店子老街文創園區」。

石店子 69 有機書店

在他經營的書店裡，以推廣閱讀、交流換書為主，經常舉辦各種藝文活動，並提供偏鄉孩子們放學後的活動空間。

❖ 石店子冶茶49

在地愛飲茶的人大概沒有不知道「石店子冶茶49」的，原來從事金融業的老闆轉行改做陶、種茶，將原來不起眼的老房子改造成充滿攀藤綠意的野樸飲茶空間。但他常常不好好顧店，即使周末假日也趴趴走晃到別人的店裡喝咖啡串門子。來到關西別忘了去中正路49號喝茶，聽他說茶說陶說生活。

❖ 七沁藝術空間

任教關西高中的張秉正老師，將清代大木匠師的老房子改造成展覽空間，推廣藝術教育，為關西小鎮帶來各式的展覽，每隔一段時間來，可看到不同類型的展出。

❖ Dream Theater 52

三間連棟的老屋，被一位在學校教表演藝術的老師營造為展場、表演舞台與喝杯咖啡的空間，在這個融合懷舊與設計感氛圍的開放場域裡，將藝術融入生活，經營這樣的一個空間原來是他人生規劃中的退休生活，因關西的老屋改造計畫提早實現了他的夢想。

有一回假日來關西遊街，走進來歇腳喝咖啡，正好遇上中央的劇場空間正在分享歌

仔戲，高昂的唱腔時不時穿透古老的紅磚牆傳入耳，恍惚間有種異時空感。

還有多間老屋被創意活用，就留待旅人自己前來發現吧！

年輕人接棒，老店添新意

❖�咕麵

吒咕麵的第三代林棋翔，是羅傑眼中少數會做行銷的關西人，年輕的關西人。網紅的吒咕麵平日周間用餐者絡繹不絕，假日更是人潮爆滿，二〇一四年啟用的新店面就在老店面隔壁，嶄新而帶有傳統元素的大面窗建築，讓用餐者更舒適，門前為了體貼排隊候位人潮而搭起的棚架與長板凳，坐滿了等著用餐的遊客。

林棋翔與在地製麵的百年老店「玉山麵」年輕一代相約，紛紛回鄉接棒。他接下老店後，著手設計店面、包裝，打造早年阿公在農會前賣麵的場景，更做了一件事——行銷，成功打造關西必吃美食的形象，吸引外地遊客旅人湧進來。一個竹簍一碗麵，他在保留傳統老味道下，也進行改變，從阿公、阿婆的老手藝中推出新菜色，讓吒咕麵在小鎮上繼續飄香。

問到飯菜香，羅傑介紹地近關西交流道的「淘然軒人文景觀庭園餐廳」，有別於傳統重油重口味的客家菜，以及異國料理，各具滋味，特別推薦北部客庄特有的仙草雞湯、鮮嫩豆腐，以及老麵做的手工饅頭。面積不小的庭院裡有樹有草地，是許多當地人與外地人常去的餐廳。而在地人最愛去的餐廳是「清香飲食店」，加了客家香蔥油的粄條、湯圓等日常飲食小吃，牢牢抓住在地人超過八十年的口味。

吼咕麵被羅傑視為關西商業模式經營最好的前三名；在「仙草的故鄉」，也有業者早早成立了仙草主題的博物館，也位居前三名之一。說來在五十、六十年前，仙草原來只是農家的副經濟作物，因關西的天候土壤環境適合仙草生長，種出來的品質好，香味濃、膠質含量高，自農會開始收購仙草後，農民紛紛將稻田改作仙草田，關西農會大力的推廣行銷，形塑了仙草故鄉的美名。行在路上，時不時就可遇到農家擺出仙草自種自售。

其實關西早年揚名的農作是茶葉，日治時期，關西紅茶大量銷往海外，並進獻給日本皇室飲用；全盛時期小鎮的茶廠多達三十五家，目前僅存茶廠屈指可數。

從質感旅遊體驗來看關西，羅傑認為最具代表性者有四：一是羅屋書院，在這位建築人的眼裡，是新竹地區除了北埔姜家天水堂之外，最漂亮的古厝，對它的建築語彙各

作者與羅屋書院經營人羅仕龍在院子話家常

羅屋書院

方面都極為推崇；其次是羅屋前「上南片」那片田園景致；三是牛欄河，與在地人生活極為親密，在新竹地區是數一數二的親水河川；還有一項是山上的自然美景，例如馬武督溪畔有很多的露營區，以及愈來愈多喝咖啡、吃簡餐的地方。關西擁有很多具潛質的地方，有待時間發展。

在羅傑重返關西之初，牛欄河畔的辦公室正在裝修，曾在羅屋的偏廳待過兩個月，飲著書屋主人暖心提供的香溢咖啡，繁忙工作之餘，走出戶外，面對著一大片的稻田，緊繃的心情瞬間舒壓，彷彿一邊工作、一邊度假。那時七、八月間在上南片的古厝裡，沒有冷氣，只吹電扇，一點也不昏熱，老房子裡反而帶有通體舒服的涼爽感。

❖從製琴到製醬，關西之光「李記醬園」

在關西出生、成長的「李記醬園」老闆李日興，二十歲離開關西，長年從事小提琴製作與樂器銷售，在台北與藝術家們往來，也曾在新竹鐵道藝術村駐村一年，人到中年，為洗腎的母親返鄉從頭學起釀造醬油，只為讓罹病的母親能夠不忌口的飲食。

從製琴到製醬，是一條完全不同的路。最初每個月會倒掉五十斤、一百斤的黑豆原料，如今訂購單已滿滿排到三個月後，除了一台清洗黑豆的機器外，全程純手工，他取關西甘甜的泉水，經過一百八十天的日曝發酵，無添加物的健康訴求，讓他在講究食安的今日傳出好口碑。他說：「這一切都緣於『孝順』兩個字。」在農糧署的協助下，他與頭份黑豆農契作，產值將可望大幅提升，連兒子也返鄉成為他的生力軍。

李日興代表的是一類客家人的面貌，務實、肯拚、謹慎，在現有的能力與資源下，做自己能做的事。

關西世代對話，找出小鎮的靈魂

在地人李日興對關西的現況再熟悉不過，他認為現在的街景如此，不可能再有什麼改善了。但若做些整理，例如招牌整頓一下，模樣就會很不一樣。羅傑更具體指出：「關西還有得改善，像騎樓因應法規必須退縮空間，我們最近推動在退縮出來的空間，將原有的拱形做回來，即使各棟樓高不同，屋頂和騎樓還是可以呈現一樣的線條律動，保留原有的空間尺度，讓街景回復過去的樣子。」

一個被邊緣化、人口數不滿三萬人、六十五歲以上老人人口比率逼近兩成的小鎮，憑什麼吸引旅人過來？「要讓旅人理解以前這裡有什麼東西，這件事應該放在第一位。」

關西第一戲院，早已歇業，但留下了這棟很有味道的老建築。

具體的作法，羅傑認為應從歷史著手，例如過去石店子這條街是打鐵街，還有打石仔……「一個地方一定有其獨特性，有其歷史，要找出它的靈魂，讓人認同這個地方的歷史，從歷史去發散。」如此，無論是開什麼店，做出來的東西一定不會偏。

李日興覺得關西風景很漂亮，但街景不會有改變；正在為連綿穿流數個鄉鎮的鳳山溪新埔段規劃河川整建的羅傑，卻積極從過往的歷史去找出地方的靈魂，找出古早人在當地生活的樣貌，例如回復鳳山溪過去的河岸碼頭、行船，再連結三街六巷九宗祠，吃的、玩的自然而然也有了。對於自己的家鄉關西，羅傑也是如此觀點。有時候需要的未必是創新，「我們只是把過去的東西找回來，用現代的設計手法去呈現。」所以他認為關西一定有靈魂！

這樣一說，想到了第一戲院：「這是一座早期的戲院，整個建築、場域都很有趣！」

李日興也想到了：「全台灣有哪座橋比關西的橋漂亮？卻沒有被發揚。」

選擇回鄉發展的羅傑，顯然對家鄉有許多想法與期許，他熱血難抑地迸出：「我認為關西的靈魂在老房子！」在有些人眼裡，產權複雜，是麻煩、難解的課題，老房子留了一百年也還是老房子；在返鄉青年眼裡反成了獨特的魅力。

他以設計人的角度來看待，並不認同拋棄、拆除舊有的「減法」觀點，「要選擇性的保留，而非丟棄，如果關西能夠朝這個方向做起來，搭配景觀規劃，這裡將會是一個很有魅力的小鎮！」

羅傑看好小鎮的未來，著迷於牛欄河畔的生活，他的河畔計畫正在進行中，李日興看見河畔未來可能發生的洪患，他卻願為了這百年一次的可能性下注，用設計與理想翻轉關西的未來。

未來的關西會是什麼模樣？聽著羅傑的構想，我也好期待！

當你到了關西，準備離開新竹這間無牆美術館時，新竹已經愛上了你這位客人了，希望你會是我們的家人，而且，對這個家有了新感情。

因為是家人了，家的大門永遠為你開著。

我在關西等你

無牆美術館 一宿兩天體驗行程

一樓過夜行程

開車族：首站到北埔，在這個古蹟巷弄中享用午餐、下午茶與晚餐，然後，夜宿峨眉鄉，喜愛夜間擁抱大自然的朋友，可以帶著野餐布在天主堂前草地上席地聊天，或帶燈具茶具上茶屋說祕密，同時要做好防蚊措施，天主堂旁的迷你小鎮，晚上很安靜，享受浪漫臺三線該有的生活情懷，隔天用完早餐後，找間茶行跟老闆交朋友喝茶。天黑前可繞到隔壁的寶山，看看藝術大師林舜龍的「種子星球來作客」。

大眾交通族：先預約峨眉鄉民宿，並請主人去高鐵接你，然後，好好享受小鎮人情的溫暖與獨特。

二樓過夜行程

開車族：首站竹東鎮，鎮上有蕭如松園區、小小獨立書店瓦當、名冠藝術館……還有我的協同作者佩玟筆下的竹東路線，天黑前夜宿清泉或白蘭部落或雪霸，只要提前預約山上住宿都會提供豐盛美味的晚餐，帶著自己想喝的酒，邀約主人一起暢飲更開心。隔天去看看伴隨張學良數年的山水美景、作家三毛住過的小屋、丁松青神父所在的美麗天主堂，還有張學良紀念館對面那藏在綠油油樹林中的清泉藝術之森，你會非常驚嘆與驚豔林舜龍的最新作品「森之蛹」，置身其中，一切都值得了。

大眾交通族：搭乘客運到竹東鎮，請住宿主人或朋友來接你。

三樓過夜行程

開車族：三樓的選擇很多！你可在新竹市、新豐鄉、湖口鄉與新埔鎮度過白天的時光，本書提供了一些與時光共度的地點，晚上建議於橫山內灣的民宿夜宿，或開到司馬庫斯，隔天清晨去上帝的植物園，享受美術館的鎮館之寶，或到新光部落，或鎮西堡。

第二天建議就在山林中，天黑前安全下山。

大眾交通族：坐火車到新竹火車站，或高鐵到竹北市，多認識多交當地朋友，讓體驗之旅輕鬆愉悅。

關西行，開車或搭客運都很方便，嘗試夜宿關西一晚，牛欄河畔夜間散步，享受小鎮浪漫，在這裡認識新朋友，以及旅途上的新家人。

彩蛋

彩繪玻璃飛行萬里：峨眉湖邊的新移民

〈258 W 118th St, New York, NY 10026 紐約哈林區 VS. 新竹縣峨眉鄉湖光村 23-1 號〉

萬萬沒想到！連天使們也沒想到——竟然會有這麼一天我可以藉由紐約哈林區介紹新竹縣峨眉湖？美國黑人文化重鎮怎麼會跟台灣客家小鎮扯上關係呢？

紐約哈林區

二〇二三年六月十日這一天，是我待在紐約哈林區最久的一日。這個星期六的中午我和好友在紐約大都會博物館看完香奈兒藝術總監卡爾拉格斐的時尚回顧展後，我們站在大門階梯上討論下一站去哪兒逛逛，他突然靈光乍現說：「我們剛剛看了這麼多不真實的物件，現在應該去真實的人間走走，哈林區。」旅居紐約期間經常聽到身邊的人提起關於哈林區的變化，我覺得這個提議很有趣。

我們走到時髦的麥迪遜大道搭乘往北的公車，由於天氣舒適宜人，過了中央公園北端後，我們決定在111街下車，慢慢地走路體驗哈林區。很多台灣朋友仍然不敢一個人到哈林區，尤其太陽下山之後，曾經有人描述這裡：「在每天的早午飯之前，都可能先要迎接一場暴亂。」然而今非昔比，這裡早已不是暴亂的大本營了，這是我第一次如此放鬆漫步在哈林區，張大眼睛和心靈試著體驗和了解時代變化的細節。

當我站在弗雷德里克·道格拉斯大道和118街口時，看見兩個女人正面相迎的畫面：一位手提黃色袋子、身穿黃衣的黑人女性，和一位身穿粉紅色洋裝、踏騎著滑板車的白人女性，兩雙眼睛一瞬間的正面對視，實在有意思——我忍不住即刻拿起手機捕捉這一瞬間，這兩位女性某種程度不就詮釋了哈林區的變化嗎？之後，我們往右側仔細張望這條118街道，幽靜無人，顯然沒有商家與餐廳，街道盡頭上方的天空隱約可見一座教堂的尖頂，但沒有吸引我走向前去一探究竟，畢竟紐約市大約有兩千座教堂，隨處走走就會遇見，更何況我是來哈林區探索新舊變化的，因此我跟朋友決定不去逛右邊這一條西118街，轉身往左前方走去。

當下的我轉身並錯過了一個獨特的故事現場，不過那個故事現場的神祕力量，一個月後又帶我回到哈林區這條西118街，冥冥之中會相遇的人事物，暫時的錯過其實是有意義的轉彎。

我們選擇在左前方街角一家以黑色為主色調的餐廳Vinatería，坐進這個社區的店才能進一步接近變化中的哈林區。如果鏡頭只聚焦餐廳本身，你一定不會相信這麼優雅時尚感的餐廳會開在哈林區，這是舊社區經過仕紳化／高檔化（gentrification）之後的新現場，你也一定會好奇坐在裡面的客人面貌是什麼？我是唯一的亞洲人，其他客人則是一半亞裔美國人、一半白種人（Caucasian），觀察其衣服穿扮和談話神情，應該都是本地人而非觀光客。

當我們在吧檯坐定後，身後窗邊桌有一

哈林區路上的兩位女人

對斯文有氣質、用餐中的非裔美國人（從現在開始我不再使用黑人這兩個字）又讓我拿起手機偷拍他們，喔，非常抱歉，我很想用視覺讓台灣讀者感受這優雅風格的瞬間，他倆並非身穿高檔名牌華服，而是舉手投足互動之間洋溢著讓人舒服的安靜氣質，兩個人看起來並非所謂的有錢人或中產階級，他們比較像就住在附近的居民，穿著簡單端莊，用餐過程輕聲細語，中間過程那位男士抬起頭看見我正

一道溫柔流動的光

在望著他們時，回我一個淺淺的微笑後繼續享受他倆的用餐時光，這樣無語的氣氛和氣質在我心中留下一道溫柔流動的光，人與環境和諧相處的自然光。

這道光讓我興起今年秋天再來這裡走逛的念頭，然而機緣根本沒耐心等到樹葉變黃的時刻，在炙熱的夏天我興奮地迫不及待回到這裡，尤其那條我錯過的西 118 街最尾端的 258 號，那座我曾遠遠地看過屋頂的那座教堂：聖多默宗徒大教堂。

西瓜與招牌

哈林區閒晃日之後，不久因為工作的關係返回台灣，在紐約整理行李時，鼓起勇氣跟小舅和小阿姨聯繫約見面，他倆是我之前在新竹工作時最強大的精神後盾，自從二〇二〇年春天送母親的骨灰到一座在山上我從來就不知道的黃家祖墳後，就刻意暫停跟親戚們的互動來避開感傷，尤其跟母親最親的小舅和小阿姨。

「我對面鄰居是一〇五歲的富興國小，出了兩位縣長的名校。」小舅在電話中開心又得意地說，這是我第一次住在富興村，大白天熾熱的陽光像烈火一樣燃燒著這個客家小村落，屋頂與路面都被曬得銀閃閃的讓人睜不開眼睛，我靠在二樓窗邊往下看，一位大叔站在國小校門口的樹下賣西瓜，四下無人他仍戴著口罩，真是耐熱高手。隨著時間分分秒秒過去，都沒有半個人出現向他買西瓜，我開始有點煩躁起來，小舅家冰箱塞滿水果，餐桌上也還擺放著一大盤削好的西瓜，但我就是想下樓去買西瓜。就在我準備回房拿錢包的時候，看見小舅走向這位大叔，跟他聊了幾句話後買了個西瓜，小舅一離去後

富興國小門前的西瓜

出現兩位騎著摩托車的年輕人，將車停在校門口後，也跟他買西瓜了。

大叔在大樹下不是站著看看四周，就是在整理西瓜攤，從他的動作可以感受他滿愛整齊，幾顆西瓜不知道為什麼讓我心中閃現了那道在哈林區溫柔流動、人情互動與環境和諧相處的光，一種不需要說明原因但就是讓人暖暖的感覺，不管在紐約哈林區還是新竹小村落。

整個下午都沒有人發問：「冰箱不是還有很多西瓜嗎？怎麼又買一個？」大家不停地吃著西瓜直到晚餐。我看戶外熱氣已減緩很多，於是決定出門去細茅埔吊橋走走，看看我心中這座「無牆美術館」一樓入口處的峨眉湖，這五年來有什麼變化？但當我還沒走到湖邊、站在下坡處時，就看到「不美又龐大」的招牌和物件，我愣在原地：「原來網路世界裡所有湖邊、吊橋邊的美麗照片都是……假的。」再走二十步就可以到所有身穿雪紡紗洋裝網美們站立的吊橋拍照景點，但是我已經失去在吊橋上散步的情懷了，失落地看著湖岸邊的新變化。

我不是到此一遊的「過客」，這裡是我親人餘生定居的地方，也是這些年來流行的地方小旅行、輕旅行與微旅行之所在，難道大家講好來一起掩飾這雜亂的環境嗎？且全體極有默契地採用「超局部」畫面來競相分享到各社群媒體上嗎？

你真的會摀住雙眼認為突兀的招牌與環境是和諧的嗎？它不就是像一件「台灣最美的風景是人」的國王新衣，在湖岸邊隨風不知所措地飛飄著，在炙熱豔陽下蒼白無言地豎立著，我感傷地看著它們，五年前 Chris 在湖邊晨跑時沒有跑過吊橋來到這裡，而且中間被熱情的鄉親攔下，被請到家裡喝茶吃柿餅，然後我們邀請他到北埔老街體驗自製擂茶以及參訪姜家洋樓。一年後，他的同事告訴我們，Chris 在世界年會中提到台灣時就只播放他站在新竹峨眉湖邊的照片，我們激動地問：「妳為何沒即刻拍張現場的照片？」「當時我太興奮了！感覺好像聯合國正在介紹台灣！等我回過神來時他已經講下一個國家了……」她黯然地說。

此刻我也黯然地望著四周，想起 Chris 曾向世界旅人介紹台灣時說：「有一個我不想說出來、也無法說清楚的美麗湖邊生活，在新竹。」而我現在卻有個不想說出來的尷尬和感傷，因為自從二〇一九年我在紐約跟國際朋友介紹台灣時，也跟 Chris 一樣，第一張秀出的照片就是峨眉湖邊，邀請大家以想像力走進這座「無牆美術館」（也就是新竹）的第一個「展間」：峨眉湖邊坐下來喝杯東方美人茶，峨眉湖對我來說的文化意象和精神就像瓦爾登湖之於美國人。

而相較於富興村湖岸邊微小的新變化，五年來，峨眉湖最大的變化應該就是「十二寮天使教堂」了。

湖岸邊的新美術館：天使教堂

一早被窗外鳥聲蟲鳴叫醒，台灣鄉下跟紐約上州小鎮的清晨都一樣，不需要手機或鬧鐘，就可以在窗外大自然的氧氣和聲音中起床，尤其在盛夏之際的小村裡。吃過早餐，我開車載著小阿姨一起前往湖另一邊的十二寮，探訪五年前我沒有寫進《走進無牆美術館》裡但念念不忘的湖邊絕景，就是從全台「最美廢墟教堂」神奇蛻變為全台最獨特的「天使教堂」。

這天雖然是端午長假第一天，但可能因為炙熱夏日，十二寮的遊客不多，當我在教堂旁停好車後，發現新的花草叢茂盛地從路邊往裡延伸，小教堂被鬱鬱蔥蔥的小樹林環抱，突然讓我聯想到紐約大都會博物館的分館「修道院藝術博物館」（或迴廊藝術博物館，The Met Cloisters），同樣都是遠離都市塵囂，一是坐落曼哈頓北邊崔恩堡公園（Fort Tryon Park）的高地上俯瞰哈德遜河，一是靠在峨眉湖南端綠地裡凝視湖水；雖然兩者建物和其內容差異絕大，但這兩處所在的環境氣質就是有幾分神似，都是靜謐悠然，讓人輕易地跨入時光隧道。

「這片牆面的花草真是美啊！」小阿姨驚嘆地說，「這是什麼花呢？」

「木槿花。」

這片豎立於路邊的灰色石牆和花草，儼然就像一幅豎立於大自然的油畫，天使教堂在它後面型塑了一個氣質獨特的世外桃源，而成就這一處世外桃源的修復團隊更是峨眉湖邊的奇蹟。（我所尊敬的團隊：劉淙漢 Roger、何麗梅 Lora、丁松青神父、施英輝先生、江博田先生、呂諭相小姐與戴敬晃先生。）請讓我矯情地說他們是湖邊最美的風景，如果你想求證與目睹台灣最美的風景是人，這裡是一處實證之所在。

雖然這個團隊和這座教堂已經被台灣媒體大量報導過了，但我還是忍不住想再多說些，尤其此刻我站在這裡，往事點滴一一浮現，我多次經過與進出之前的廢墟，參加二〇一九年春天 Roger 和 Lora 舉辦的開工祈福禮之後，離開了新竹飛往紐約，渺小的自己只有曾經買過旁邊柚子園的一箱柚子（天使文旦公益活動），對於這裡的深刻印象就是廢墟的時空感和揮之不去的柚子花香。

但此刻讓我動容的是這個團隊的所有人，漫長的時間和驚人的心力非文字所能言盡，現在大家都稱呼 Roger 和 Lora 為「天使夫妻」，輕易滑一下手機，就可看到他們修建教

堂那神蹟不斷的旅程，而教堂官網也將小丁神父（丁松青神父 Barry Martinson）和其藝術團隊的修復歷程以圖文述說得非常詳細，讀看的過程像是身歷其境，像是一門藝術修復課堂。

其中提到天使教堂的玻璃因小丁神父飄洋過海而從紐約來到峨眉，官網上寫著：「來自紐約哈林區的聖多默宗徒大教堂……」讓我好奇心飛揚了起來：「哈林區？兩個星期前我人就在哈林區呀！是哈林區哪一個教堂呢？」這個大問號開始盤旋在我腦海裡。

「這裡有些樹好像是老樹？」對植物比較有研究的小阿姨自言自語。

「妳真厲害！昨晚我的朋友秀麗跟我說這裡的老樹是老樹媽媽種的，嗯……正式說法是天使教堂認養老樹。」

「在苗栗照顧那個『十呆院子』的老樹媽媽？」

「是啊！我還參加了當年……二〇一八年的開幕典禮，時間過得真快，五年了！但老樹媽媽仍然沒有改變，繼續搶救台灣的老樹和種老樹……」

我想我可以在這裡回想與思索一整個白天，這座教堂、旁邊的柚子園、修建教堂有關的人事物和湖邊的變與不變。因為這一切是我這座「無牆美術館」內的鎮館之寶，獨一無二，一片湖水包容了兩個宗教信仰，湖邊村落有百年小學和百年茶廠，距離湖岸稍遠的地方有體驗農場，最重要的是來自台灣各地的人才，不張揚地一起做著敬天敬地的好事。

雖然布袋蓮傷害湖水生態和湖岸招牌欠缺整體思考的問題十分惱人，峨眉湖仍然活著，更何況現在還多了來自紐約的新移民「天使彩繪玻璃」定居在湖光村 23-1 號了。

「到底是哈林區哪一個教堂呢？」我回到紐約後搜尋「Stained glass, New York and Taiwan」，出現一篇紐約時報（The New York Times）的報導，內文是關於紐約市史坦島上的一處遺產倉庫，應該就是小丁神父購買彩繪玻璃的地方，接著記者寫到哈林區教堂的十四片玻璃遠赴重洋到了台灣，台灣在這篇報導出現了兩次！記者還拍了那間教堂的照片，我興奮地對照「天使教堂」官網上的照片，但發現有點不同，教堂旁的建物不同，不過我有了哈林區這座教堂的地址，決定立刻出門去現場看看，結果沒想到我來到了之前轉身錯過的那條西 118 街——以及那座教堂！

位於紐約市哈林區的教堂

從花園看峨眉鄉天使教堂

「原來上天是要我轉彎先回到新竹峨眉湖邊再回來這裡！」我站在哈林區西 118 街 258 號的門口驚嘆上天的信息，我不是天主教徒但我深信宇宙裡神奇且神祕的力量，轉彎了一大圈來到峨眉湖邊「天使玻璃」的舊家，真是一趟可遇不可求的人間旅行。

天使玻璃的舊家是建造於一九〇七年的聖多默宗徒大教堂建築群，由於出席人數下降、建築維護成本不斷膨脹以及其他原因，二〇〇八年教會活動中止後，教堂中約三十扇美麗的彩色玻璃窗被拆除，當年繪畫天使玻璃的藝術家，其後代從德國寫信到紐約，懇求彩繪玻璃一定要被完好對待和處理，於是一些被安裝在北部拉格蘭奇維爾（LaGrangeville）的新聖卡泰里．特卡維薩教堂（Saint Kateri Tekakwitha Church），另一些送去東村（the East Village）的聖布里吉德教堂（St. Brigid's Church），其中十四扇描繪天使的小窗戶被安置於史坦島上的遺產倉庫，直到小丁神父選了他們並將他們運來台灣，定居在峨眉湖邊的天使教堂。

二〇一二年開發商阿蒂姆斯（Artimus）以六百萬美元從紐約大主教管區購買了這座教堂、學校和附近的一整片空地，教堂建築的後半部被截斷改建，但開發商修復好教堂前半部，並將教堂前半部轉型為哈林教區活動空間，開發商也保留了教堂後方的草地，成為社區的公益花園休憩地。當天沒有舉行活動，所以我只能從高處的窗戶一窺這座百年教堂的餘光。即使沒有了彩色玻璃，它仍是令人驚嘆的哥德式建築。這座被天主教堂廢棄並一度注定要拆除的教堂，如今成為哈林區社區藝術中心並獲得了新的生命。

天使玻璃的哈林區舊家和峨眉新家有著令人驚訝的命運對照點！當初 Roger 和 Lora 會想要買天使教堂的其中一個緣由，是害怕縣府將那塊地賣給開發商後，教堂廢墟就會被拆除，寫到這裡真是捏了把冷汗！

我將哈林區聖多默宗徒大教堂和峨眉湖邊天使教堂的照片放一起，告訴美國朋友關於天使玻璃的故事，每個人都讚嘆這十四扇天使玻璃真是不得了，飛行萬里定居台灣。

除了這十四扇天使玻璃的舊家，我也找到了讓戴敬晃老師費盡心力修復的《聖母加冕禮》（Coronation of the Virgin）舊家現況，也就是紐約市最上方布朗克斯區（Bronx）的聖母憐憫大聖堂（Our Lady of Pity Church NY），但是它就沒有這麼幸運遇見保留它的開發商，不過在布朗克斯區的社區官網「Welcome2TheBronx」上仍有它的歷史和相關照片，很多人留言緬懷它，表示過往的生活記憶隨著建築消失而不見了，他們一定沒想到小時候經常看見的那幅《聖母加冕禮》現在已經定居在台灣的新家了。

這兩條紐約線索為峨眉湖邊這些新嬌客——宗教藝術品增添了幾許時空的豐富感，鼓舞著我們對峨眉湖的一切和未來懷抱想像力，這座天使教堂何嘗不是湖岸邊的新美術館呢？

我離開哈林區西 118 街，回家後寫信給那位紐約時報記者，並附上天使教堂的照片及影片，告訴他那十四扇天使玻璃的新家在台灣新竹縣峨眉鄉湖光村 23 -1 號，歡迎他如果有一天有機會到台灣的時候來看看他們……。

彩蛋

康寧市的調酒師：玻璃聖城給新竹的信息

「HAND+FOOT」餐酒館的調酒師在收我的酒杯時，對我說：「玻璃藝術是我們的市長。」

二〇二〇年一月二十四日，我在紐約時報旅遊展（New York Times Travel Show）的一個攤位上，獲得一本小鎮手冊和一張博物館的雙人行折價券，歷經疫情和台灣與紐約兩地遷移的動盪不安，它們奇妙地沒有被我丟掉，直到三年後的今年春季，因為新竹玻璃工藝博物館的緣由，我特別央求好友開車帶我前往紐約州北端的康寧市，位於其中的康寧玻璃博物館——也就是這本小冊上的標題：「創新的目的地」（Destination of Innovation）。

新竹的工作夥伴今年負責玻璃工藝博物館的三檔展覽，我即刻表示會盡快去觀摩全球最重要的康寧玻璃博物館，跟夥伴們分享觀後的心得。從曼哈頓開車四個多小時，來到一個只有一．一萬居民、但每年吸引至少五十萬旅客的小鎮，剛下交流道就看見康寧總公司和全世界最大的玻璃藝術博物館，我瞬間被絕美的環境和氣場所震撼，終於明白為何那本小冊上說，這裡是一座「玻璃的聖城」（A Mecca for Glass）。

這裡不僅是全球最大玻璃藝術收藏中心（橫跨三千五百年的五萬多件作品），也有全球最齊全的玻璃歷史檔案和參考資料、世界頂級的玻璃加工學校之一，以及可以體驗整日的現場玻璃製作和工坊，我在這裡待了兩天，仍然覺得只有窺見聖城的一角而已，身心靈既飽滿又疲憊，第二天傍晚回紐約前，我跟好友坐在小鎮的一家餐酒館，跟調酒師聊天：「玻璃藝術對這個小鎮有哪些影響呢？」他笑了笑沒說話，轉身去招呼走進來的新客人，過了一會，他過來收我的酒杯時對我說：「玻璃藝術是我們的市長。」

這句動人心弦的話，飽含著滿滿的畫面。首先浮現的是，我在博物館內遇見的老中青三代工作人員，開心的神情和數萬件玻璃作品相輝映，還有在這個超級迷你小鎮，幾乎每個店家都有玻璃作品，一．一萬居民中有一半在康寧公司和博物館上班，他們與玻璃相愛相處、安居樂業，每年從容自在接待五十萬名來看他們「市長」的旅客，維護「市長」的總公司以不斷創新的科技，穩居世界前五百大企業，商業是藝術的翅膀，在這裡，康寧科技讓康寧玻璃藝術飛得比誰都高遠，難以企及，難怪這裡就是玻璃的聖城。

小鎮手冊與康寧玻璃博物館折價券

一個月後，我回到新竹，將這句話帶給參與玻工館展覽的年輕創作者們。

雖然我們距離那個玻璃聖城非常遙遠，但我願意相信玻璃藝術的神祕力量，讓那位調酒師使我將這個信息帶回台灣的玻璃之城——新竹，喚醒創作者、欣賞者和支持者內心沉睡已久的熱情，無論如何，玻璃產業和玻璃藝術之於我們，它的根並沒有斷裂，因為過去數年裡眾人的力量將公園裡最高級的建物，也就是日治時期的新竹州自治會館改造成全台唯一的玻璃工藝博物館，

康寧玻璃博物館

作者與康寧博物館工作人員

展間有限且很迷你，雖然沒有舉世傲人的收藏，但是玻璃之於新竹、玻璃之於台灣，玻璃藝術的根在這裡慢慢成長。在這座新竹公園最美的麗池邊，還有雖然為數不多但珍貴的歷史文物與小小動物園相伴，這裡不只是景點，這裡還是我們台灣這個家的文化客廳和後院花園。

我跟好友在回紐約的路途上聊起新竹玻工館，我說：「這棟建物在日治時期的時候是高級行館。」

他問：「那現在你們有沿用高級行館的高級風格生活著嗎？」

我回：「我不確定，但我們會的。」

新竹玻璃工藝博物館

My Hsinchu Experience Shared with Airbnb

「How do we win him over, and make him never forget about Hsinchu County? 」

Caption: On January 2nd, in Xinpu Township, Hsinchu County, Chris and Jake experience the process of making Lei Cha, a type of ground tea prevalent in Hakka culture. The next day, on January 3rd, Chris shares the experience with his audience in Taipei, and advertises the Hsinchu experience on my behalf. Since then, I think that Hsinchu County has a special place in his heart.

Hsinchu County and Master of Disaster

It is the first time that Chris Lehane, Airbnb's head of global policy and public affairs, is visiting Taiwan. A graduate of Harvard Law School, Lehane is a renowned Democratic political strategist and crisis management expert.

Chris was instrumental in the electoral victory of former U.S. President Bill Clinton and Vice President Al Gore, and he also successfully managed several controversies during the Clinton Administration, including Whitewater, earning him the respect of Newsweek Magazine, which named him the *Master of Disaster*. A man of many talents, Chris wrote and produced the film *Knife Fight*, a political satire based on his campaign experience. In 2015, Chris joined Airbnb as its head of global policy and public affairs. From politics to the new economy, Chris has established himself in the global arena. How will I make sure that, within the twenty-four hours after he steps out of the airport in Taiwan, he will remember the Hsinchu experience forever? The epitome of a successful global platform economy, Chris has probably already been exposed to countless beautiful sceneries, delicious cuisines, and eminent figures from all over the world. How can I create a "Hsinchu experience" that will be unforgettable?

For Chris' visit, I do not want to plan a traditional and orthodox itinerary. There will be no spark to leave a memorable impression. Instead, I want to design his trip from a curator's perspective, using the whole Hsinchu County as my exhibit hall. The sea, lakes, and mountains form the thirteen cities and townships in Hsinchu County, covering one-tenth of Taiwan's geographical area. The majority of the population is of Hakka descent, but the population is incredibly diverse with aboriginal people,

new immigrants, and migrants from other cities and counties. Facing an exhibit hall of this magnitude, what new ideas am I able to offer?

What is an attractive and mesmerizing approach to presenting my ideas? Chris will be the first international spectator to enter the exhibit hall. How do I make sure that after he enters, he will gradually understand this place, develop a stronger connection, and leave the exhibit hall with "Hsinchu County" engraved in his heart?

An essence of Airbnb is to allow a visitor to experience the life of a local resident. This is not just a vacation, but a mission to exchange lifestyle, culture, and the meaning of life. Thus, I would like the partnership with Airbnb to not simply allow more short-term rental, homestay, and farm stay units to be in the market, but also market the Hsinchu experience through Airbnb, one of the world's largest shared-economy platforms. Through Airbnb, I would like to connect Hsinchu County with the world.

I was born in Hsinchu County, but I left Hsinchu at a very young age. At this very moment, I have only been back home for slightly more than a year. I have an intricate sentiment toward Hsinchu County. On one hand, I am a tourist, to whom Hsinchu County feels slightly distant and strange. On the other hand, I am a native, who is oddly familiar with Hsinchu County. This juxtaposition and irony have granted me a multidimensional approach to plan this exhibit.

Sometimes, I felt like I lived in a kaleidoscope, colorful yet with an endless spiral. Walking down Chupei City's Guangming 6th Road to shop or to grab a meal, I often felt like I was drifting in the City, without a strong sense of purpose to keep me grounded and anchored, until Airbnb appeared.

Sexy and Romantic

Airbnb is a unique enterprise. I really admire an important component of its company culture: design thinking. In this day and age, visual presentation is everything, and design drives the further development of company culture. By contrast, Hsinchu County has yet to fully activate its design thinking, and faces many challenges in keeping up with the changing world. Airbnb's users are also known as world travelers, who are different from traditional tourists. The world travelers on this platform seem to believe that life is always in beta mode, and are very adventurous with their experience. They are the perfect participants for the Hsinchu experience, because they are not ēconfined by the stereotype that Hsinchu County is simply a technology hub, and are willing to reimagine this exhibit hall with me.

I must come up with a strategy to make Hsinchu County appealing enough for the "world travelers" to want to stay. I must also make sure that these "world travelers" leave a long-lasting impact on the sustainable growth of local industries. Finally, I must bring Hsinchu County to the world's attention through the "world travelers." Thus, I must have a comprehensive understanding of Airbnb's culture, while thinking outside the box. Compared to other better-known cities in Taiwan, Hsinchu County has very little advantage. While I recognize the shortcomings of my exhibit hall, I plan to turn my disappointment and the mixed emotions into the theme of this exhibit. I desire Hsinchu County to become a sexy place, radiating a mesmerizing charm. I hope that Hsinchu County residents will begin their pursuit for romance, because the pursuit of romance translates to the refinement of aesthetics. Without romance, how will Taiwan successful turn Provincial Highway No. 3 into a "Hakka Romantic Avenue

(Provincial Highway 3 project)?"

Enchanting and Romantic may not exist on the surface of Hsinchu County right now, but I believe that the qualities exist in layers of Hsinchu that are not immediately visible, within the high-rises, the overpasses, the mountains, the rivers, the people, and the culture. What is the appeal that makes visitors want to stay? Where is it? How do we express this to the "world travelers?" How do we make the local residents proud of their connection with Hsinchu County? Most importantly, how do I convince myself that this will be a successful exhibit? I am the curator. I must love what I present, in order to ignite the passion of marketing, and convince visitors to stay and have an unforgettable experience.

Hsinchu County is not a sexy place, so I must make it sexy. Hsinchu County residents are not romantic, so we must make them romantic. What Hsinchu County lacks, we must acquire! This is full of conflict and contradiction. This is also the source of my disappointment, living in Hsinchu County. The pain and disappointment is precisely my theme. Sometimes, the formation of a theme is similar to a life form, an organic life form. "Sexy and Romantic" is a life form that swims upstream against all odds, turning disappointment into a concept, a perspective, and an axis of the exhibit. By filling the missing pieces, the life form actually comes to life, and begins radiating a charm that makes visitors want to stay.

Chris turned his personal campaign experience into the theme of the movie that he produced. Similarly, I am turning the mixed emotions of living in Hsinchu County, and my dream of what Hsinchu County can become, into the axis of this exhibit. This is a realistic representation. We can only make lifelong friends with the world travelers, if we are honest with with ourselves. As a curator and a dignified artist, I must present exhibit pieces that I truly love. Based on the theme of "sexy and romantic,"

how do I select the works to be in my exhibit? The bed-and-breakfasts that I have personally stayed at, the food that I have personally tasted, the community members whom I have personally spoken with, the mountains that I have personally climbed, and the sceneries that I have personally seen, after organization and compilation, become the strings of ideas and concepts that I plan to share and communicate with the world.

Strings of Ideas Manifest into Physical Routes of the Exhibit

What is inherently sexy in the 1,428 kilometers that encompass thirteen townships? It's not the architecture, not exactly the scenery, but the lifestyle within.

A sexy woman or man not only possesses attractive physical appearance, but one also possesses a unique elegance. These qualities combined stimulate an impulse in others to approach. A city that is able to stimulate the desire to want to come, to want to stay, and to want to be a part of the culture, is, by the same definition, a sexy city.

An enchanting city, similar to a sexy woman or a sexy man, values sensibility over rationality. Leisure and ambience are the qualities that attract world travelers and provide enjoyment in their experience. The leisure found between the sun, the air, the flowers, and the water, as well as the interaction with local residents make the most unforgettable experience. When a visitor shops for ingredients, prepares food, eats, and has a conversation with local residents, the visitor is able to truly understand that Hsinchu County is a sexy place. Even staring blankly into the sky or the farm fields with local residents would allow the visitor to feel the warmth and sensibility of the 1,428 square kilometers.

Airbnb's logo has changed from blue to an Airbnb red, because the business feels that traveling is something warm. Red is a warm color, and it

is also the color of the heart. It symbolizes the warmth of that they see and feel in their experience, as the travelers put their hearts into their journeys.

Thus, I follow the pulse of warmth and leisure within Hsinchu County's 1,428 square kilometers and thirteen townships. I sympathize with the the travelers, picturing myself as someone who is sensitive and constantly searching for something specific, yet also as someone who is willing to go with the flow. I have personally walked, stayed, eaten, and chatted on the planned routes. I have even travelled the routes backwards, from winter to spring, with the theme of "sexy and romantic" in mind. Finally, I have devised the perfect itinerary in three different routes. Every route cannot be experienced in one day, and must stay at least one night in the heart of Hsinchu County. After all, Hsinchu County is a place where people work or simply pass by, but it has yet to give people the urge to want to spend a night. If a place wants to develop an experience economy, it must have the ability to not only make people want to spend a night, but it must also make people want to live here. To me, this is a quality that a sexy county must possess!

Airbnb is a wonderful business for Hsinchu County to work with. It has prompted me to research Hsinchu County's competitiveness in attracting visitors to spend a night here. To spend a night at a place is to rest with the place in the dark, and to wake up together at dawn. This is a prerequisite to living with a place. Based on the life experience of Chris, Kevin, and Kevin, I ask myself what kind of hospitality would they enjoy? While the three routes are three exhibits under the spotlight, I also hope that the experience after dark can also be presented on the world stage, as a lifestyle.

Chris is the first spectator to enter the exhibit hall. I would love show him everything in Hsinchu County, and to document every moment of his

visit, but the length of what we are able to show the audience is limited. I am sure that Chris has had to make similar decisions while producing his docudrama. Because Chris has only given us less than twenty-four hours of his time, we have many difficult decisions to make with the compressed time. I have traveled the planned routes multiple times, similar to a curator surveying the site. I must not only survey the visible, but I must also imagine the motion of the spectator and the dialogue between the exhibits and the space, as well as the interaction between the spectator's eyes, the placement of the exhibits, and the lighting. A site survey is very much similar to a detective's investigative work, which requires close attention to details and to changing dynamics. The most important piece is the people, the key to leisure and warmth. Only when the piece falls into the right place, does the county show its sensitivity and its sexiness.

Fortunately, there have been sunny days and rainy days during the site survey, because being able to adapt to the weather changes is also very important. We must be prepared, rain or shine. Lastly, I must consider what to include in the presentation. This is a curator's final challenge. After all, the space of the exhibit hall is limited, but the ideas and contents of the artists are unlimited. The thirteen townships of Hsinchu County are the thirteen artists. My colleagues and folks from these thirteen townships have provided me with an incredible amount of suggestions and information, so not including certain sites and certain delicacies requires tremendous courage and determination. I believe it's something that the reader can relate.

With the company of my colleagues and local residents, in less than 24 hours, "Airbnb Executive Route" embarks on January 1st, 2017, at 8:30pm.

The First Second of the Experience Begins with a Smile

It is a very long flight to Taiwan from the United States, and the flight often lands late at night. I can imagine how exhausting it can be. On top of that, it is Chris' first time visiting Taiwan. The unfamiliarity often puts out the passion and excitement that may have existed prior to boarding the plane. I wonder what he will be like when he comes out of the terminal gate with his luggage. All doubts have been removed, the moment Chris walks out of the terminal gate. I know for a fact that the "Hsinchu County experience" has already begun for Chris!

Ching and Michael, who are responsible for picking up Chris, tell me, "We saw him walk toward us, with a smile on his face." The moment he sees his name and company logo on the pick-up card, the unfamiliarity disappears. The first second of the "Hsinchu County experience" is filled with smile. The first "hello" is charged with warmth. It also reassures my nervous colleagues. This is just a simple airport pick-up, but the pick-up card is no ordinary pick-up card made with a regular piece of paper. Instead, we customised a pick-up card just for Chris, just for Airbnb. Hospitality is not just feeding the guest good food, or having good accommodations, but it is also about providing a good feeling. We must think like the guest, and feel like the guest. The feeling between people is not visible, but is the most impactful.

Even though Chris is not like a Korean pop-star visiting Taiwan for a meet-and-greet with his fans, we still incorporate the spirit of entertainment in our greeting. We have asked our team to design a hearty pick-up card. The pick-up card is essentially a heart made out of foam board. It still sits by my window in the office, and frequently accompanies us, as the team attends events to promote Hsinchu County.

Waking up to the Scenic Lakes and Mountains

The world is filled with all types of experience that stimulate all five senses. Hosting someone who is a veteran world traveler, and who has seen many of the world's wonders, Hsinchu County must think outside the box to leave a lasting impression. Contrast may create some impact visually to achieve the effect. I plan to use the lake to create the contrast, as it turns into a mesmerizing scenery from an ordinary, calm lake, after a night of waiting.

Many people ask me why I have chosen the first stop of the "Hsinchu County experience" to be the shores of Emei Lake, especially late at night?

The mountains, the sea, and the lakes, coupled with technology and industrial parks, are what make Hsinchu County's geography so unique. Because Chris' flight lands late at night, his first stop in Taiwan is bound to be where he spends the night, and the location must be within one-hour drive. A drive like this to a foreign visitor who has just endured a long flight would be the perfect distance to relax.. Approximately eight hours after getting ready for bed is sunrise. While we wake up to the ordinary every single day, I want Chris to wake up to the extraordinary, which is why I have decided that the first things that Chris sees in the morning, in Hsinchu County, are the scenic lakes and mountains.

Even reading the words "scenic lakes and mountains" gives off a romantic feeling. How romantic is it that a world traveler wakes up and spends his first morning in Hsinchu County within the scenic lakes and mountains! This scenery has waited more than eight hours in the dark, before appearing before our eyes. How magical!

Hsinchu County has very few bed-and-breakfasts, fewer than one hundred to be exact, and even fewer by lakeshore, many of which

rest within Emei Township. I have surveyed the site several times, by personally staying at the bed-and-breakfast. I have studied the architecture of the building, the view of the lake, the interior design of the room, the food, the surrounding environment, the owner of the bed-and-breakfast, and more. In addition to my careful evaluation, there is one critical point, which is whether or not the surrounding area of the bed-and-breakfast is convenient for a morning job. This is a crucial question that Chris' colleague has posed, because Chris has a habit of going on morning jogs. Chris' colleague has also shared the information that if Chris stays in a big city, he usually runs in the hotel gym. With all the information in mind, the first stop of the "Hsinchu County experience" has become incredibly obvious, and I have subsequently confirmed that Erquan Lakeside Coffee House is where Chris will spend the night.

The drive from Taoyuan International Airport to Emei Lake is approximately fifty minutes during the day, and forty minutes late at night. Some locals, who are extremely familiar with the area, sometimes take only half an hour. It is even faster if the trip begins from Taiwan High Speed Rail Hsinchu Station, so traveling from Taipei or Taichung only adds twenty-five more minutes to the trip. In the past, majority of the people who came to Emei Township either came to buy the Oriental Beauty tea, or came to enjoy some Hakka cuisine before they continued with their journey. "Let's spend a night in Emei County" has not yet become a trend.

Checking in to the bed-and-breakfast in the dark, and waking up at dawn, the reflection of the lake glistens in the eyes of our guest, and shines into the bottom of the heart. "Waking up in the Scenic Lakes and Mountains" is the first stop of Airbnb Executive's "Hsinchu County experience." It is also the first exhibit that I present to the world. Nowadays, many exciting exhibits often design a dark space at the entrance. The

intention is to subsequently surprise and awe the spectators with the aesthetics of the artistic lighting. This is the contrast that I am hoping to create.

At this point, I hope the reader can understand my approach in planning this exhibit and designing the experience routes. I also hope that the Hsinchu County residents outside of Emei Township will understand my choices and decisions. The thirteen townships are equally important in my heart, but at this moment, I am thinking from the perspective of a world traveler, while juggling my duty of attracting more investment to Hsinchu County. Spending a night in Emei Township is spending a night in Hsinchu County. Readers outside of Hsinchu County may not completely comprehend, but there have been some difficult decisions made behind the scenes. I must stay true to my thoughts and values, or else this exhibit would not have a theme or a concept. To market Hsinchu County, we must have a theme, because it is what gives the exhibit a soul.

First and Beautiful Morning in Hsinchu County

While Ching, Michael, and Dai are picking up Chris at the airport, I have stayed behind at the bed-and-breakfast, chatting with the owner, Mr. Tian. The topic of our discussion is the guest that will be staying at the bed-and-breakfast. We have only been able to learn about the guest from American media reports, and we have decided that we would like our guest to be completely relaxed upon his arrival. We have purposely not prepared midnight snack or a welcome gift for Chris at the airport. Instead, we have prepared a small gift in his room: a towel specially-made for the Hsinchu Hakka Yimin Festival and Run, with a card that greets, "Good morning! The first and beautiful morning in Hsinchu County!"

After Chris' morning jog and breakfast, I plan to chat with him about

Hsinpu Township's Yimin Temple and the Yimin Fesitval. Although he will not be stopping at Hsinpu Township this time, and the Yimin Festival is not happening right now, I still want to share with him that the Yimin Festival is an incredibly important cultural event to the Hakka people. Maybe one day, Chris will have the opportunity to join in on the festivity, or even sign up for the Yimin Run himself!

The drive from the airport to Emei Lake has gone smoothly, shorter than that of our expectation. Upon Chris' arrival at the bed-and-breakfast, we have only spent about ten minutes greeting him to make sure that he gets enough rest for the night. Hakka people are usually very enthusiastic people, but we have agreed on simply treating Chris as an old friend. We have toned down the Hakka enthusiasm, and switched into a calm and comforting warmth. It is getting late, and the scenic lakes and mountains have already been deep asleep, so we do not want to overwhelm Chris with our fervor. With some confusion, my colleague asks me, as I am leaving, "How come you didn't say much?"

"Reception" and "hospitality", like "travel" and "experience", are a pair of words that are very similar, but also very different upon close scrutiny. Allow me to slowly paint the picture on the three routes of the Hsinchu County experience.

We are very lucky that "the first and beautiful morning in Hsinchu County" is full of sunshine. Chris goes on his regular morning jog and meets with my colleagues over breakfast. When I join them after breakfast, we cannot help ourselves but to discuss the architectural design of the bed-and-breakfast, and all the pleasant surprises on Chris' early-morning jog. He is sharing his first morning in Hsinchu County with us! This shows that we are building trust between us. Sharing and trust have given birth to a new economy.

I listen carefully, as he shares his first-ever morning in Hsinchu County, which is also his first-ever morning in Taiwan in his life. He mentions that he has never imagined that he is able to begin his morning jog by the lake, right when he walks out of his bed-and-breakfast, because all of the research on Hsinchu County that he has done in the past has given him the impression that Hsinchu County is simply the high-tech capital of Taiwan. In that sense, Hsinchu County is very much similar to a resort destination. He is surprised that a high-tech and industrial city actually has all these scenic lakes and mountains! To someone from the U.S. or Europe, the ride from the airport to the bed-and-breakfast is short. The bed-and-breakfast should be close to the airport, but why is that when Chris wakes up, he feels that he is in a different country from the night before?

He continues sharing with excitement. He tells us that he has run into a pleasant surprise on his morning jog, a giant statue of Maitreya Buddha. He gasps, "Wow! He is huge." Chris observes the globe and the belief (Buddha beads) in Maitreya Buddha's hand. He believes that it is a good sign! I ask him what he means by good sign, and he answers, "A sign that coming to Taiwan, to Hsinchu County, is fate." His answer has left an impact on me! When I drove by Emei Township for work in the past and saw the statue, never did it occur to me that going back home to Hsinchu County was a good thing, the right thing. The words of the world traveler remind me how blessed I am to be back in Hsinchu County. I am grateful for his wisdom!

"I see him holding the world and belief in his hand. It feels like he knows that I work at Airbnb. We are creating a business globally that will change everyone's understanding and lifestyle. 'Belong anywhere' is a belief. Ha! The first things I see in the morning on my jog are the globe and belief! How amazing! I think coming to Taiwan is a good decision, the right

decision!" Chris shares his story enthusiastically. Two days later at a talk in Taipei, Chris shares this story again on stage, and I learn that he continues to share his Hsinchu County experience in the press.

Hearing Chris' story, I am a little surprised, but it is also a pleasant surprise. The lodging arrangement is to allow him to go on his morning jog around the lake, but I have never thought that he would see the statue of Maitreya Buddha. I stand corrected. I have never thought that he would see a symbol of the globe and belief, which are coincidentally the core values of his company.

"You are just good hosts! I am jogging back to the bed-and-breakfast, and I see a man. He smiles and invites me over for orange biscuits. He lives next door, but I don't really understand what he is saying. His mandarin has a slightly different accent from yours." I reply, "He speaks Hakka, and what he is offering should be dried persimmons." The wife of the owner interrupts and brings us a pot of tea. She introduces, "This is our special tea, Oolong with honey tangerine. It is not on the menu. We only bring this out to our friends!"

This moment next to Emei Lake is picture-perfect. As we step outside after our team, we embrace the clear sky and the glistening water. Ever since this moment, the following picture is the first picture I show, when I introduce Hsinchu County. This is the first picture that I want the whole world to see, when I introduce my hometown.

The Romantic Rhythm of the Hakka Mountain City

The breeze gently blows, and the lake sparks. With the wind and the light, the atmosphere is brimming with a sexy appeal. We are ready to stroll through the Hakka mountain city, and meet the romantic locals here.

From Emei Township to Beipu Township, from scenic lakes and

mountains to ancient alleyways, the two sections of the exhibit hall are only fifteen minutes away by driving. As we pass by a renowned teashop on the road, I take the opportunity to share rumours of the Oriental Beauty tea with Chris. The Oriental Beauty tea has made its way to Queen Elizabeth II, and the monarch has given the tea its name. The tea has also been the winner of Global Tea Championship. I am definitely a novice in tea tasting, but Hsinchu County is known for its tea, so I have to talk about it. "If wine is the essence of the French culture, the Oriental Beauty tea is the epitome of Hsinchu's culture," I often tell my friends from outside of Taiwan. They usually respond, "Wow! Then I must spend some time to study Hsinchu's Oriental Beauty!" Note: they promise to spend some time to study, and not quickly guzzle a cup of tea!

Anyways, Oriental Beauty tea is a cultural business card that I give to the world. Because culture takes time to accumulate, it is extremely valuable. Because it requires thoughts and effort, it is unique. I can have some tea with Chris at a teashop in Emei, but I feel that I would not be paying my due respect to this cultural product. Instead, I tell Chris that when we arrive in Beipu, our local friends will have some Oriental Beauty tea with us, but we must spend a long time to understand and enjoy the tea. He responds, "I get it! I will keep that in mind!" Good! That's the response that I am hoping for. After all, the time of the world traveler's stay is limited, but Oriental Beauty has already moved into his heart.

The owner of Erquan Lakeside Coffee House, Mr. Tian, has moved to Hsinchu County to enjoy life with his family by the lake, and to share the lifestyle with his guests. In some respect, Mr. Tian and Chris are both foreigners to Hsinchu County, which is why I have introduced Mr. Tian as Chris' first friend in Hsinch, hoping that they can connect over the experience of first coming to Hsinchu. In a way, Chris and Mr. Tian are

travel companions to Hsinchu, and Chris can learn more about Hsinchu in a relaxing way. At the next stop, we will introduce the locals to Chris. He will be able to learn different perspectives of Hsinchu, and perhaps even learn to love it.

Getting to know the romantic locals is a key to falling in love with Hsinchu.

The romance of a relationship exists between the loving and the beloved. The romance of a city exists, when it has the appeal to make a person fall in love with it, an obsessive love. Whether it's a relationship or a city, the most romantic tempo is always andante cantabile, slowly and song-like.

The romantic locals unhurriedly repair the historic sites, and live their lives leisurely. They slowly organize and compile the historic archives, and nonchalantly demonstrate their love for the past, present, and future of this place. This is why I think the locals of the mountain city are romantic people. When we arrive in Beipu, I introduce Chris to our new companions on this journey, Peter and Old Gu, two romantic locals of the Hakka mountain city. Chris is in good hands.

I have told Old Gu that we would be meeting （at） in front of Chin Kuang Fu House. He will bring us to Jiang A-Sin Mansion to meet Peter. Beipu is very small. Walking from the national ancient monument Chin Kuang Fu House to the historic Jiang A-Sin Mansion only takes a few minutes. On our way to Beipu, I have told Chris that we would be touring a few ancient monuments and historic buildings. He has reassured us that he is comfortable with walking, and that he is able to walk very far. At the same time, Chris is surprised that the distance between the two locations is shorter than he expects. "Amazing," he exclaims, awed by the fact that Beipu residents are living in ancient monuments.

We arrive at Jiang A-Sin Mansion right after Chris' exclamation. Peter, his wife, and his son have already been waiting at the door to greet us. Peter utilizes his fluent English to introduce the legends of the mansion. This is also my first time meeting Peter in person, and it is interesting to me that my first guided tour of Jiang A-Sin Mansion is in English. Chris takes much interest in the restoration process of the building and related details. In our conversation, we also discuss his thoughts on traveling, and the difference between simply traveling and experiencing. If it were a simple travel, our group would have taken few pictures outside the Mansion, and hurried onto the next site. Because this is an experience, we are now inside the mansion, listening to the stories of the building told by its owner. We can also relate to Peter, contemplating about what to do with the walls in the restoration process, and how to maintain them. What kind of impact will the building have on Beipu, once it is restored? An experience is thinking and living like the people who live here.

I find it interesting that we spend the most time on the second-floor balcony, just standing here, overlooking Beipu, and chatting. We chat about the roof tiles of the adjacent houses, chat about the people here and their activities, and even chat about the metal roof, the swaying transmission lines, and the business signage on the other side. As we are chatting, thirst slowly creeps up on us, so we decide to walk over to Old Gu's historic family home, which is now a bed-and-breakfast, where his wife is already there, waiting for us with Oriental Beauty and some Hakka dessert mochi.

Old Gu has repaired the historic family home with his family friends, and has named the building "Shui Tang," which literally translates to "The Water Hall." Old Gu has also documented the reparation process in his book *The People and Homes of Beipu*, which the following description: a classic documentation of Hakka mountain city's people and buildings. I personally

think the description is too serious. Instead, there are some words on the book cover that I find very amusing: Inside the tile house, there are you and me. Outside the windows, there are people and other houses. This is a simple, yet accurate, description. It is also more romantic!

Entering Old Gu's bed-and-breakfast, Chris is finally inside a traditional Hakka living space!

I will not discuss the complete story of reparation of the hundred-year-old tile house. If the reader has the chance of reading up to this point, I believe the reader will also support the romantic book, written by a romantic local. The reader may even want to come to Beipu to make friends with Old Gu, and listen to his stories, while watching him make tea. Of course, it is important to try Old Gu's tea. I must warn you that you must be genuine in making friends with Old Gu, because he will know. Anyways, having a friend like Old Gu will guarantee an amazing experience in Beipu!

I have never thought that Hakka dessert mochi would be so compatible with the palates of Chris and Jake. They take bites after bites. One of theme exclaims and repeatedly compliments the peanut powder, "Oh mine! The peanut powder is amazing! This peanut powder!" Someone whispers in my ear, "We get this a lot! Every time a visitor tries the mochi, the visitor always compliments the peanut powder. Strange!" I think it is because the taste of peanut is familiar to everyone, but the mochi made of glutinous rice is an acquired taste. Oh well, let's talk about Mrs. Gu's peanut powder!

After eating a mouthful of peanut powder, we move on next door to the teashop, and learn about grinding peanut to make Lei Cha, a traditional ground tea that is popular among Hakka people. Chris is very serious about grinding the peanut, so serious that he hits his head several times. We have pictures to prove it! He and Jake are also surprised that tea leaves

can turn into dessert, and dessert mochi can turn into ,a traditional Hakka desert made of rice powder balls. They enjoy their first lunch in Hsinchu County between the astonishing disorder of sweetness and saltiness. At the same time, the teashop is the interaction of different eras due to its unique history and atmosphere. Coincidentally, someone also mentions the historic name Marco Polo. Making the historic connection is nostalgic and romantic. Chris has a legal background. From the fierce world of law and politics, to a platform for world travelers, Chris is also a romantic person, in my opinion.

Hsinchu County's Paris

After reading all of this, the folks in Beipu may ask me, "Beipu has many tourist sites and delicacies. Why is it that you have not visited the sites or tried the delicacies all morning?" They may think that we are inefficient, in the sense that we have not seen all the sceneries or tried all the food, but our Beipu visit is an "experience." I am sharing this experience to the world. Ordinary traveling involves eating much and playing much, but an experience is trying out the life of a local resident, spending time meeting the local residents, and cultivating the local culture by learning its stories. Plus, I am trying to convey a theme of "sexy and romantic." An adorable person would not wear all the beautiful clothing at once. He or she would pick an article of clothing that is appropriate to the occasion. A romantic person would not run around like a headless chicken. He or she would carry on with the breeze, enjoy everything that meets the eyes, and indulge his or her surroundings, similar to a piece performed in andante cantabile, a tempo often used by the romantic Italians, and the most romantic tempo in the world.

Within two-hundred-fifty meters, Beipu has four ancient monuments

and three historic buildings. It will take more than a month to see everything, let alone in one day. I am talking about seeing with the heart, and not just with the eyes. As a compromise, I take a few shots of the ancient monument with a few romantic people in them. Then, I place the image deeply inside the world travelers' hearts. We do not need too much content. After all, it is difficult to give up certain things. We also need to give the world travelers some time and space to digest this new experience, and hope for the best that the experience will truly touch their hearts. Perhaps they will also pass on the experience to other world travelers.

Many people can agree that Paris is the most romantic city in the world. Beipu can be Hsinchu County's Paris. Parisians live life leisurely, enjoy coffee by the Seine, and savor the mesmerizing scenery and the passerby. In Beipu, world travelers can stroll through the ancient alleyways, come across intersections of different eras, find a teashop to chat with the owner, and spend the evening at Citian Temple, appreciating the most charming moment of the day, in Hsinchu County's Paris.

翻譯：曾宏瑜 Eugene Tseng

宏瑜跟我一樣是新竹子女，美國紐約哥倫比亞大學公共行政碩士，他是一位兼具新思維和大視野的新世代新竹青年，曾為美國和加拿大議員的辦公室主任，參與和主辦無數國際交流活動，目前任職於加拿大卑詩省政府「能源、礦業和低碳創新部」，擔任戰略項目和倡議總監。

A GALLERY IN FORMOSA
走進無牆美術館
@紐約篇
Li-Hsiang Huang Photography
黃莉翔 攝影展
2023 11/24 – 2024 2/25
新北市三重區正義南路86巷 空軍三重一村 | 歲月書屋二樓
時藝
MAX DO
廣告

READING
A
BOOK
最美風景
看書的人
Li-Hsiang Huang 黃莉翔
Photography 攝影展
2023 11/24 – 2024 2/25
新北市三重區正義南路86巷 空軍三重一村｜歲月書屋二樓
時藝
MAX DO

《Doctor Yang and New York》

作者｜黃莉翔 Li-Hsiang Huang

紐約最成功、最神祕的銀行家楊次雄
深藏半世紀的人生故事
終於開箱問世

2024年春季 深情登場

楊次雄，
推動台灣民主自由的安靜鬥士
紐約僑界無人不知的成功企業家
行醫多年的心臟胸腔外科醫生
積極但隱性的民間外交官

◆ 為了爭取美國史上第一位女性副總統候選人傑羅丁・安妮・費拉洛（Geraldine Anne Ferraro，1935～2011）支持台灣自由民主的權利，他為她在家舉辦募款餐會……這是38年前台灣平民最接近美國政壇關鍵人物的一頁歷史。

◆「賺錢是為了花錢來實踐生命的黃金意義」——首度公開一位紐約成功銀行家的財富觀和人生觀。

◆ 旅居紐約的作者黃莉翔顛覆傳統傳記書寫，以電影鏡頭的創新筆法，引領讀者走進想像中的電影院，觀看一部好看的新電影。

《Covid Gigolo新冠舞男》

作者｜黃莉翔 Li-Hsiang Huang

▶ 作者榮獲美國國務院傅爾布萊特計畫（Fulbright Program），擔任2021～2022紐約大學（NYU）訪問學者期間，創作生涯的第一本小說，出版後本書被譽為傅爾布萊特計畫最具創意的研究成果。

祕密俱樂部的紅牌舞男，獨具風格的女性菁英男伴
留美鋼琴王子，茱莉亞音樂學院鋼琴高材生
在疫情後時代成為了Covid Gigolo新冠舞男！

> 不管是紐約或台北，愛情的驚心與離奇，都動人，也都對生命有傷感的啟示。
> 這是一部如音樂的小說，節拍抑揚，曲終了，故事卻作在你心頭，不會散去。
> ——馬家輝｜文化評論學者

《Beyond EMBA：
古典音樂的十三堂職場狂想曲》

作者｜黃莉翔 Li-Hsiang Huang

▶ 台灣第一本以EMBA教室為場景的散文小說
▶ 經濟日報副刊人氣連載小說之完整版

一本由古典音樂和文學譜成的商業小說
以高雅悠揚的曲調演繹人性百態與職場哲思

> 這是散文，這是小說，這是音樂的故事，這是職場的故事。莉翔透過真實和虛幻的敘事策略，引領讀者掌握生活和生命的力量，尤其在黑暗裡，學習窺探那必然存在但你可能茫然不察的光明。寫這些文字時的莉翔，身處人生谷底，最爛最低潮，憑藉書裡的故事，她走出來了；她可以，你也能。《Beyond EMBA》重點不是 EMBA 而是 Beyond。超越自我困限的力量，就在故事裡，你來聆聽，你即重生。
> ——馬家輝｜文化評論學者

生活文化 85

走進無牆美術館：獨一無二的國際導覽故事，邀請世界到新竹作客

作　者—黃莉翔
協同作者—許佩玟
封面繪圖—徐得貴
英文翻譯—曾宏瑜
攝影團隊—Ace Liu、Bigyp Liu、林清華、詹淑芬、戴璟嵐
執行編輯—廖宜家
特約編輯—林芳如
主　編—謝翠鈺
執行企劃—陳玟利
完稿設計—楊珮琪

董 事 長—趙政岷
出 版 者—時報文化出版企業股份有限公司
108019台北市和平西路三段二四〇號七樓
發行專線—(〇二)二三〇六六八四二
讀者服務專線—〇八〇〇二三一七〇五
(〇二)二三〇四七一〇三
讀者服務傳真—(〇二)二三〇四六八五八
郵撥—一九三四四七二四時報文化出版公司
信箱—一〇八九九臺北華江橋郵局第九九信箱
時報悅讀網—http://www.readingtimes.com.tw
法律顧問—理律法律事務所 陳長文律師、李念祖律師
印　刷—勁達印刷有限公司
二版一刷—二〇二三年十一月二十四日
二版二刷—二〇二四年二月二十七日
定　價—新台幣四五〇元
(缺頁或破損的書，請寄回更換)

時報文化出版公司成立於一九七五年，
並於一九九九年股票上櫃公開發行，於二〇〇八年脫離中時集團非屬旺中，
以「尊重智慧與創意的文化事業」為信念。

※ 感謝攝影作品提供：
許釗滂、辜達齊、黃國倉、陳春蘭、林賜霞、林文賢

走進無牆美術館：獨一無二的國際導覽故事，邀請世界到新竹作客 / 黃莉翔著 . -- 二版 . -- 臺北市：時報文化出版企業股份有限公司，2023.11

面； 公分 . -- (生活文化 ; 85)

ISBN 978-626-374-552-0(平裝)

1. 文化觀光　2. 旅遊　3. 新竹縣

733.9/111.6　　112018133

ISBN 978-626-374-552-0
Printed in Taiwan